Von Gitti Simix. zum Muttertag 2002.

Puppen zum Knuddeln
und Liebhaben
einfach selbst gemacht

Puppen zum Knuddeln und Liebhaben

einfach selbst gemacht

Puppen: Ulrike Schmiemann

Text: Renate Hinz

Urania-Ravensburger

Die Ratschläge in diesem Buch sind vom Verlag und den Autorinnen sorgfältig erwogen und geprüft, dennoch kann eine Garantie nicht übernommen werden. Eine Haftung der Autorinnen bzw. des Verlages und seiner Beauftragten für Personen-, Sach- und Vermögensschäden ist ausgeschlossen.

Wir danken den Mitarbeitern des Botanischen Gartens, Berlin, für ihre Hilfe. Dank auch der Firma HOLZFORMAT, Raumühlenweg 4, 49509 Recke, Tel. 05453/80374, Fax 05453/98004, die uns zahlreiche Holzgegenstände zur Dekoration zur Verfügung gestellt hat.

Die Deutsche Bibliothek –
CIP-Einheitsaufnahme
Puppen zum Knuddeln und Liebhaben :
einfach selbst gemacht / Puppen: Ulrike Schmiemann. Text: Renate Hinz. –
Berlin : Urania-Ravensburger, 1999
ISBN 3-332-01036-0

Umschlaggestaltung:
Behrend & Buchholz, Hamburg
Fotos: Sabine Münch, Berlin
Lektorat: Eva Hauck
Satz: City Repro, Berlin
Druck: Himmer, Augsburg
Printed in Germany

Gedruckt auf alterungsbeständigem Papier mit chlorfrei gebleichtem Zellstoff.

Die Schreibweise entspricht den Regeln der neuen Rechtschreibung.

02 01 00 99 4 3 2 1

ISBN 3-332-01036-0

Inhalt

Einleitung

Alle Kinder lieben und brauchen Puppen als Spielkameraden, Seelentröster und Freunde in guten und in schlechten Zeiten. Gerade handgefertigte Puppen aus Stoff eignen sich besonders zum Knuddeln und Schmusen, regen die Fantasie eines Kindes an und fördern seine Kreativität.
Mit diesem Buch möchten wir Anfängern und Fortgeschrittenen genaue Anleitungen für die Gestaltung von zehn niedlichen Stoffpuppen bieten, die auf der Grundlage einer über dreißigjährigen Erfahrung in der Puppenherstellung entstanden sind.
Alle Arbeitsgänge werden vom ersten bis zum letzten Schritt in Wort und Bild erklärt, sodass Sie keine Vorkenntnisse mitbringen müssen. Die Anleitungen wurden bereits von Anfängern erprobt und haben sich bewährt.
An vielen Stellen weisen wir auf mögliche Fehlerquellen hin und geben Tipps, die Ihnen helfen, Fehler zu vermeiden. Sie finden alle nötigen Erklärungen zu Materialien und Technik. Das zu verwendende Werkzeug ist vermutlich in jedem Haushalt vorhanden.
Das letzte Kapitel des Buches widmet sich der Puppenkleidung. Die Schnitte für alle Kleidungsstücke finden Sie jeweils in Originalgröße auf dem Schnittmusterbogen.
Es sind also alle Voraussetzungen für das Gelingen der hübschen Püppchen gegeben.

Wir wünschen Ihnen viel Spaß und Erfolg!

Renate Hinz und
Ulrike Schmiemann

Geschichte der Puppe

Wer Puppen selbst herstellt, setzt eine uralte Tradition fort, denn handgefertigte Puppen gab es wohl schon in der ganz frühen Geschichte der Menschheit. Vermutlich wurden sie ursprünglich aus Gegenständen hergestellt, die man in der Natur fand. Verständlicherweise konnten uns diese Puppen nicht erhalten bleiben.
Die ersten überlieferten Puppen stammen aus dem alten Ägypten, Mesopotamien, Griechenland, dem Römischen Reich, aus den andinen Hochkulturen und aus Ostasien. Lange Zeit spielten Puppen in erster Linie eine kultische und magische Rolle. Inzwischen sind sie jedoch bei fast allen Völkern als Spielzeug bekannt.
In Deutschland sind sie seit dem Mittelalter populär. Man nannte sie damals Docken oder Tocken. Es handelte sich noch um gänzlich unbewegliche Figuren, die erst später zu Gliederpuppen mit Gelenken weiterentwickelt wurden.
Der Begriff „Puppe" stammt von dem lateinischen Wort „pup(p)a" = „kleines Mädchen". Ursprünglich stellten Puppen nur erwachsene Personen dar. Erst seit der Mitte des 19. Jahrhunderts gibt es auch Babypuppen. Anfang des 20. Jahrhunderts begann man mit der Fertigung von Charakter- und Künstlerpuppen. Käthe Kruse, sicherlich die bekannteste Puppenschöpferin jener Zeit, gestaltete sie mit kindlichem Aussehen.
Puppen wurden aus vielen verschiedenen Materialien hergestellt, z. B. aus Holz, Stroh, Binsen, Ton, Wolle, Leinen, Schirting (= Baumwollgewebe), Elfenbein, Leder, Wachstuch, Papiermaché, Porzellan, Biskuitporzellan, Zelluloid, Gummi und Kunststoff. Zu den Füllmitteln der Puppenkörper zählten Kleie, Sägemehl, Werg (= Flachs-, Hanfabfall), Pflanzenfasern, Wolle, Watte und Schaumstoff. In jüngerer Zeit werden - wie bei den Puppen dieses Buches - auch Trikotstoffe zum Nähen der Puppenkörper und Diolenwatte zum Ausstopfen verwendet.
Jedes selbst gefertigte Püppchen ist einmalig. Kein Wunder, dass die manuelle Puppenherstellung zu neuer Blüte erwacht ist und heute viele Menschen mit diesem schönen Kunsthandwerk ihre Freizeit gestalten! Ein Püppchen kann Begleiter seines Besitzers sein, als Spielzeug, Zierstück oder Sammelobjekt dienen oder zu einem wunderschönen persönlichen Geschenk werden.
Der Empfänger fühlt – mit den Worten von Rainer Maria Rilke ausgedrückt –, dass „nicht seiner Hand, sondern seinem Herzen" gegeben wird.

Werkzeuge und Materialien

Auf dieser Seite finden Sie alle Werkzeuge und Materialien, die Sie zum Puppenmachen brauchen. Was Sie für die Einzelpuppen jeweils benötigen, wird in den entsprechenden Kapiteln aufgeführt.

Werkzeuge

- Bleistift oder Kugelschreiber
- Metermaß
- 2 Scheren, eine kleine mit feiner Spitze und eine größere
- Nähmaschine mit dünner Nadel oder Jerseynadel
- Nähnadeln
- Stopfnadeln in verschiedenen Stärken und Längen
- Puppennadel
- Sticknadel, fein und ohne Spitze
- Stecknadeln mit Metallköpfen
- Stecknadeln mit Glasköpfen
- Häkelnadel Nr. 3-4
- 2 Holzstäbchen oder Garnröllchen
- Kaffeelöffel
- Einige Zahnstocher aus Holz
- Papiertaschentücher

Materialien

- Trikotstoff aus Baumwolle mit beidseitig gleichem Maschenbild (Interlockware) in heller oder brauner Hautfarbe für den Kopf
- Trikotstoff aus Baumwolle mit rechts- und linksseitig unterschiedlichem Maschenbild (Singleware) in heller oder brauner Hautfarbe für die weiteren Körperteile
- Diolenwatte für Kopf, Hals, Rumpf und Gliedmaße, die etwa 2 cm dick sein sollte (Die Meterware ist ca. 1,50 m breit.)
- Schlauchverband für den Kopf in der Breite von ca. 6 cm
- Abbindefäden, die besonders stark sein müssen, für die Formung des Kopfes und der Wangen
- Weißes Vierfachstickgarn in der Stärke 12 zum Unterlegen der Nase und des Mundes
- Kleine Rolle Maschinennähgarn in Hautfarbe zum Nähen des Puppenkörpers
- Zwirn oder Knopflochseide in Hautfarbe für verschiedene Arbeiten an Kopf, Schultern und Gliedmaßen
- Hellroter Sticktwist zum Sticken des Mundes bei dunkelhäutigen Puppen
- Webfell für die Frisur, in Haarlänge und Farbe passend zum Puppentyp
- Ungesponnene Schafwolle, kardierte Schafwolle, Docht-, Bouclé-, Mohairwolle oder Kid Mohair für verschiedene Frisuren
- Kordeln und Schleifenband für den Haarschmuck
- Textilfarbe (z. B. Marabu/Marabatex Nr. 040 oder Nr. 047) für dunkelhäutige Puppen zum Färben von Trikotstoffen, falls diese nicht bereits eingefärbt gekauft wurden
- Textilfarben (z. B. Marabu/Textil oder Marabu/Textil plus) zum Malen von Augen, Brauen und Mund
- Wachsfarbstift oder Buntstift (Zinnoberrot) für das Make-up

Was Sie wissen sollten

Fadenlauf

Bei der Herstellung von Puppenkörpern verarbeiten wir baumwollene Trikotstoffe, die gewirkt sind. Der Fadenlauf entspricht der Laufrichtung ihrer Maschen, also dem senkrechten Verlauf der Rippen.
Wie bei allen Stoffen ist es auch bei Trikotstoffen wichtig, vor dem Zuschneiden und Nähen den Fadenlauf zu erkennen und ihn beim Auflegen der Schnittmuster zu beachten. Die Papierschnitte müssen so mit Stecknadeln auf dem Stoff befestigt werden, dass die Pfeile auf ihnen parallel zu den Rippen liegen, also in die Richtung des Fadenlaufs zeigen.

Maschinennähte und Nahtzugaben

Für die Trikotstoffnähte des Puppenkörpers, die mit der Maschine gefertigt werden, sollte eine dünne Nadel bzw. Jerseynadel eingesetzt werden. Geeignet sind sehr feine Kurbelstiche oder Stretchstiche. Verwenden Sie dazu hautfarbenes Maschinennähgarn.
Bei Trikotstoffen reichen schmale Nahtzugaben aus, da diese nicht umkurbelt werden müssen. 5 mm bei lang gezogenen Nähten und maximal 3 mm bei kleinen Rundungen (z. B. zwischen Daumen und Handflächen sowie zwischen den Fingerkuppen) genügen.
Überall dort, wo winklig oder in scharfen Rundungen genäht wird, müssen ein kleiner bzw. mehrere kleine Einschnitte in die Nahtzugaben bis kurz vor die Nähte gemacht werden. Dabei ist Vorsicht geboten, damit die Nahtfäden nicht durchtrennt werden.

Stick- und Nähstiche, die mit der Hand gefertigt werden

(A = Anfang)

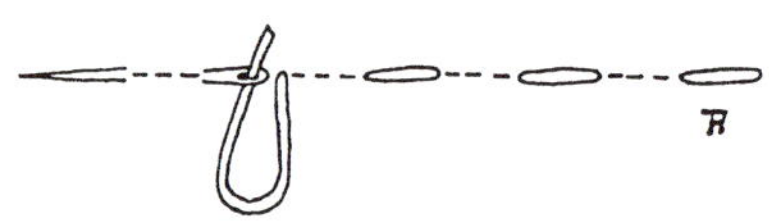

Vorstich oder Reihstich

Spannstich oder Überwendlichstich

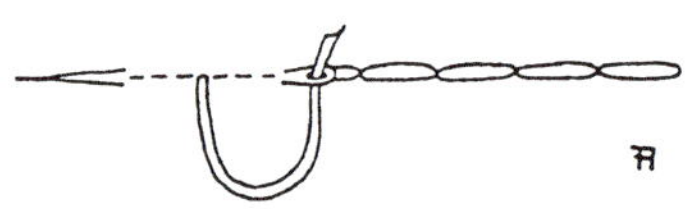

Steppstich oder Rückstich

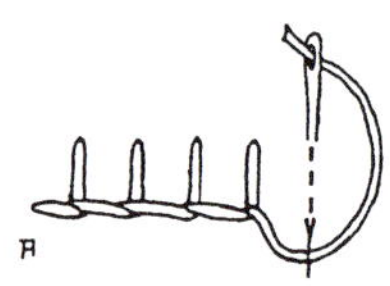

Schlingstich oder Knopflochstich

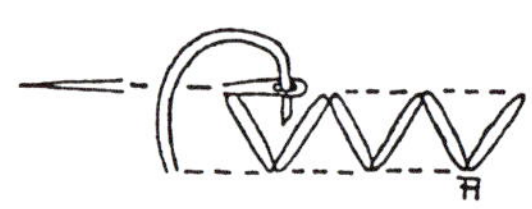

Matratzenstich

Geeignete Garne und Nadeln für Näharbeiten mit der Hand

Immer, wenn das Garn für die Puppenherstellung besonders haltbar sein muss, sollte beim Nähen mit der Hand Zwirn oder Knopflochseide verwendet werden, so z. B. beim Zusammenfügen der Körperteile und beim Annähen des Webfellkäppchens. Ansonsten kann das Nähgarn, das für die Maschine benötigt wird, auch für Näharbeiten mit der Hand gebraucht werden.
Es sollte jeweils passend zur Hautfarbe der Puppe gewählt werden. Nur zur besseren Veranschaulichung auf den Fotos sind für dieses Buch bei hellhäutigen Puppen dunkle Garne und bei der dunkelhäutigen Puppe helle benutzt worden.
Ob Sie eine Näh-, Stopf- oder Puppennadel gebrauchen, hängt von der Garnstärke bzw. von der gewünschten Nadellänge ab. Für das Durchstechen des Kopfes sollte keine Nähnadel, sondern – je nach Kopfgröße – entweder eine Stopfnadel oder eine noch längere Puppennadel Verwendung finden.

Haltbarmachen der Textilfarben im Trikotstoff

Nach dem Malen müssen unbedingt alle Textilfarben haltbar gemacht werden. Das geschieht, indem sie einige Minuten lang durch einen Luftstrom aus dem Föhn erwärmt werden.

Die Puppe nimmt ein „Vollbad"

Eine vielgeliebte Puppe wird oft sehr strapaziert, wobei ihr Aussehen durch Flecken beträchtlich leiden kann. Bei unserer Trikotstoffpuppe ist das kein Grund zur Besorgnis, denn sie ist voll waschbar.
Bei leichter Verschmutzung genügt die schonende Handwäsche mit einem sanften Woll- oder Haarwaschmittel. Danach kann die Puppe in ein Handtuch gerollt und so von der größten Nässe befreit werden.
Bei starker Verschmutzung ist Maschinenwäsche angezeigt, wozu ebenfalls ein sanftes Woll- oder Haarwaschmittel verwendet wird. Die Puppe übersteht, wenn die Frisur aus Webfell ist, sogar einen Wollwaschgang bei 30 Grad. Bei Wollhaaren ist etwas mehr Vorsicht geboten. In diesem Fall sollte ein kalter Schonwaschgang für Wolle gewählt werden. Das Schleudern in der Waschmaschine schadet der Puppe nicht.
Das Trocknen kann im Wäschetrockner bei Kalteinstellung erfolgen. Beim Trocknen an der Luft hat es sich als praktisch erwiesen, die Puppe in einem Kopfkissenbezug an die Wäscheleine zu hängen.
Egal, ob die Hand- oder Maschinenwäsche gewählt wird, nach dem „Bad" muss das Make-up im Gesicht erneuert werden. Die Puppe wird es mit einem freundlichen Blick danken.

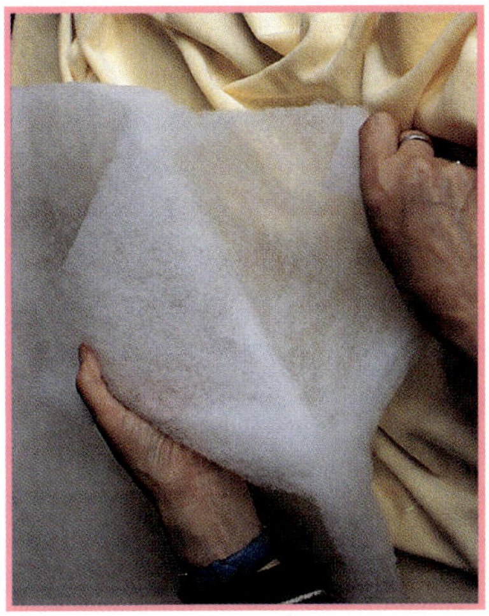

Umgang mit Diolenwatte

Immer, wenn bei der Puppenherstellung Diolenwatte benötigt wird, muss diese nach dem Zuschneiden in der Mitte geteilt werden, indem die Ober- von der Unterseite getrennt wird. Für alle Körperteile sollten die Wattehälften jeweils mit den weichen Innenseiten nach außen verarbeitet werden.

Grundanleitung

Wenn Sie eine Puppe nachbilden möchten, beginnen Sie mit dem Zuschneiden der Materialien für den Kopf. Die Maßangaben für jede Puppengröße finden Sie in dem Kapitel „Arbeitsanleitungen für die Einzelpuppen".

Modellieren des Kopfes

Zum Modellieren des Kopfes und Füllen der Körperteile wird Diolenwatte benötigt. Bitte informieren Sie sich im Kapitel „Was Sie wissen sollten" über den Umgang mit dieser Watte.

Formung des Watteballs für den Kopf

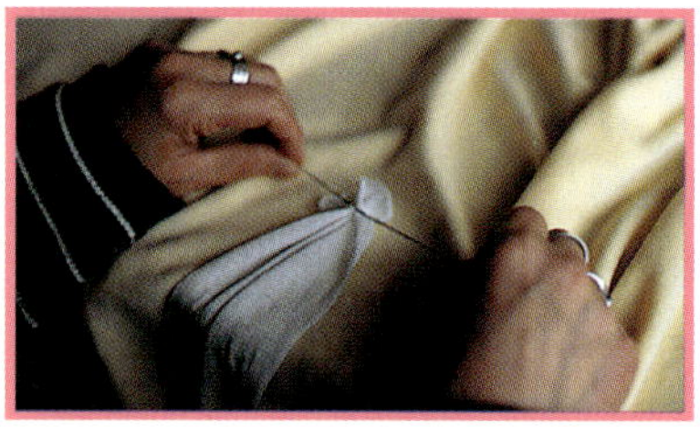

Den Schlauchverband ca. 1 cm vor dem Ende mit Zwirn oder Knopflochseide abbinden, die Fäden verknoten und abschneiden. Den Schlauch wenden und zunächst zur Seite legen.

Von einem der beiden Stücke des geteilten Wattequadrats zunächst eine Ecke aufrollen.

Die Watte so weiterwickeln und formen, dass eine Kugel entsteht. Diese anschließend durch das zweite Wattequadrat vergrößern

Die beiden Stücke des geteilten Wattestreifens für den Hals nacheinander über Kreuz um den Ball legen und direkt unter der Kugel zusammenfassen. Die umfassende Hand kräftig von unten gegen die Kugel schieben.

Unmittelbar unter der Kugel den Kopf fest mit Zwirn oder Knopflochseide abbinden, wodurch sich der Halsansatz ergibt. Die Fadenenden doppelt verknoten und abschneiden.

Den Schlauchverband stramm von oben über den geformten Watteball ziehen, wobei es hilfreich ist, die Wattehalsbänder im Sitzen mit den Knien festzuhalten.

Den Schlauchverband möglichst kräftig über die Kugel hinaus nach unten ziehen und um die vier Enden der Wattehalsbänder legen. Mit einer Hand den Kopf formen, wodurch sich die Oberfläche der Wattekugel glättet.

Mit der Hand, die Schlauchverband und Wattehalsbänder umfasst, gleichzeitig den Beginn eines der drei zugeschnittenen Abbindefäden festhalten.
Den Abbindefaden oberhalb der Hand viermal kräftig um den Schlauchverband wickeln.

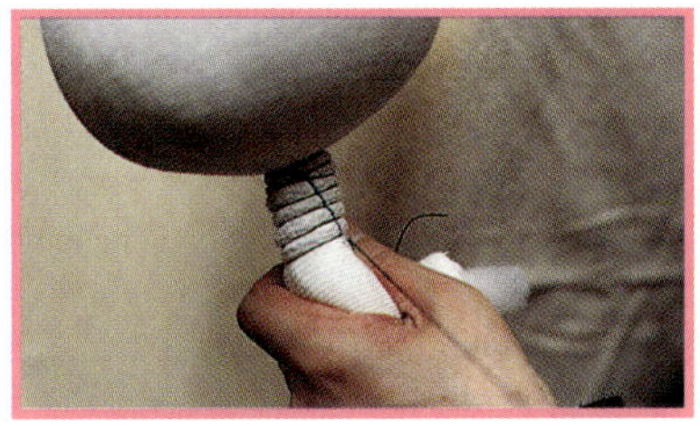

4 - 6 cm nach unten weiterwickeln, den Fadenanfang dabei mit umwickeln. Fadenenden doppelt verknoten. Die schönste Stelle der Kugel, d. h. die vorgewölbtere Rundung, für das Gesicht auswählen. Den Kopf so auf den Tisch legen, dass das Gesicht nach oben sieht.

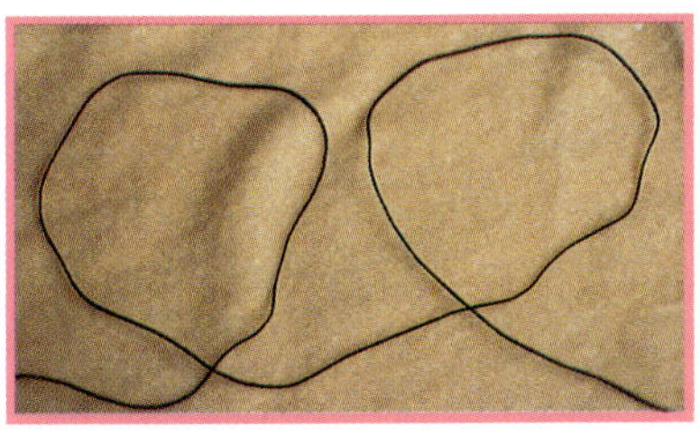

Den zweiten der drei Abbindefäden zu zwei Schlaufen legen. Dabei mit der linken Schlaufe beginnen.

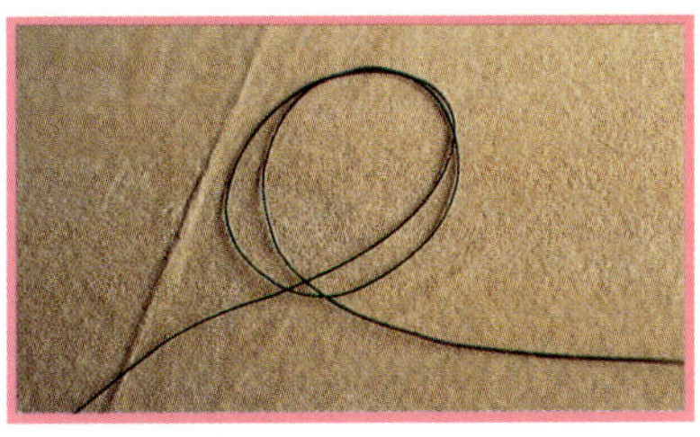

Die linke auf die rechte heben (nicht drehen!), wodurch eine Doppelschlaufe entsteht. Die beiden Fadenenden der Doppelschlaufe etwa gleich lang ziehen.

Die Doppelschlaufe waagerecht kurz unter der Mittellinie um die bereits geformte Kugel legen. So bestimmen Sie die Augenlinie. Die beiden Fadenenden an die Stelle legen, wo sich das Ohr befinden müsste.

Die Fadenenden zunächst mit den Händen stramm ziehen.

Dann die Fadenenden jeweils um ein Holzstäbchen (evtl. Garnröllchen) wickeln, noch einmal kräftig anziehen und doppelt verknoten, jedoch nicht abschneiden.

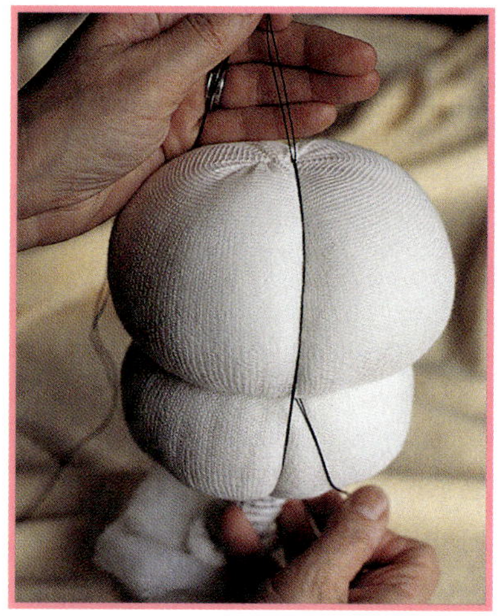

Auch mit dem dritten Abbindefaden eine doppelte Schlaufe bilden und diese wie folgt senkrecht um die Kugel legen: Vor dem Hals unter dem Kinn und über die waagerechten Fäden der Augenlinie hinweg, wodurch sich je ein Fadenkreuz an beiden Ohrstellen ergibt. Die Fadenenden befinden sich auf der Schädeldecke und der Oberkopf wird gleichmäßig geteilt.

Auch diese Schlaufe kräftig anziehen, wodurch sich der Kopf ein wenig zum Hals hin neigt. Die Fäden doppelt miteinander verknoten, jedoch nicht abschneiden. An dem „Ohr", an dem die beiden Fäden der Doppelschlaufe hängen, die Watte flachdrücken und das Fadenkreuz diagonal mit einer Häkelnadel unterstechen.

Aus einem der beiden Fäden eine Schlaufe legen und diese mit der Häkelnadel unter dem Fadenkreuz hervorziehen.

Schlinge kräftig anziehen. Führen Sie anschließend den Faden durch die Schlaufe und verknoten Sie ihn mit dem anderen Ohrfaden doppelt (nicht abschneiden!). Den längeren der beiden Fäden unter dem Kinn entlang bis zum Fadenkreuz an der anderen Kopfseite führen. Verhäkeln Sie auch diesen Faden, wie beim ersten „Ohr" beschrieben. Führen Sie den Faden vom rechten und den vom linken „Ohr" zum Oberkopf und verknoten Sie sie miteinander. Danach alle vier Fadenenden – jeweils zwei – und anschließend die beiden kurzen miteinander verknoten. Vernähen Sie die kurzen Fäden und schneiden Sie sie ab (die langen noch hängen lassen).

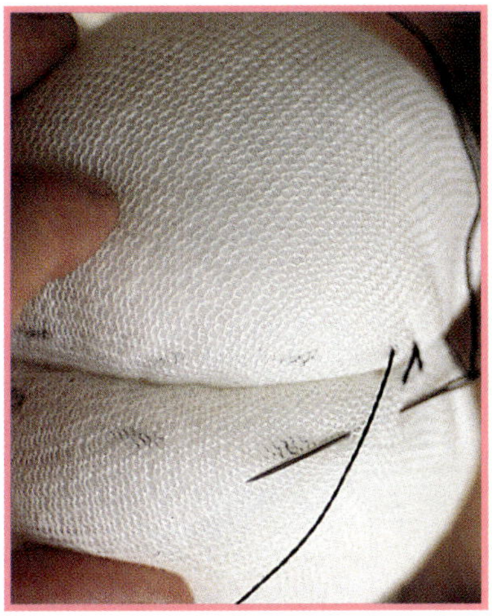

Die Ränder der Vertiefung an der Schädeldecke gegeneinander drücken und mit den übrig gebliebenen Abbindefäden mit Matratzenstichen vom Oberkopf aus bis zu jedem „Ohr" zusammennähen. Die beiden Fadenenden anschließend vernähen.

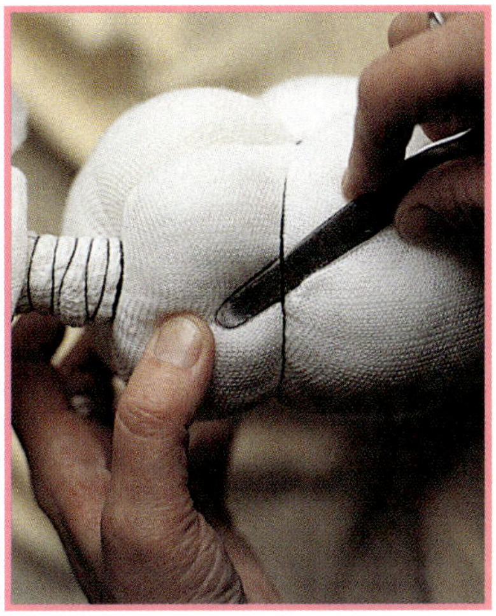

Mit Hilfe des Stiels eines Kaffeelöffels den doppelten Hinterkopffaden ca. 1 - 2 cm vor den Nackenansatz schieben.

Nun sollten Sie das Gesicht auf seine „Schönheit" überprüfen. Kontrollieren Sie, ob sich der Abbindefaden, der die Augenlinie bestimmt, noch waagerecht etwas unter der Mitte der Kopfhöhe befindet. Wenn dies nicht der Fall ist, können Sie eine Korrektur mit dem Kaffeelöffelstiel vornehmen.

Betonung der Wangen

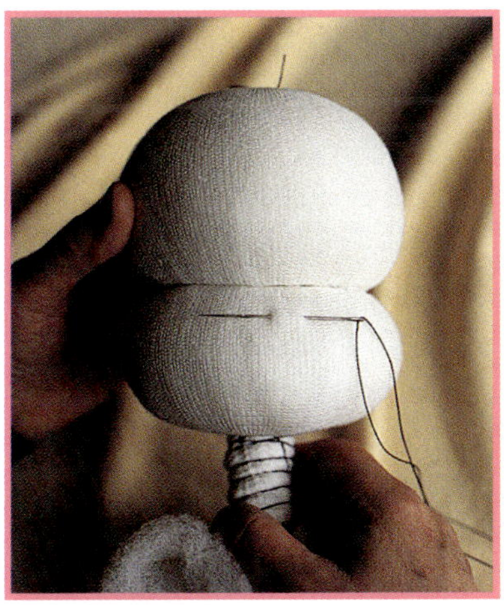

Den Wangenfaden in eine Stopfnadel ziehen. Diese ca. 1 cm unterhalb der Augenlinie in der Mitte des Gesichtes 1 cm durch die Watte führen. Den Faden bis zu seiner Mitte durchziehen.

Beide Fadenenden links und rechts des Halses mit einer Stopf- oder Häkelnadel unter dem Kinnfaden durchführen und stramm anziehen, wodurch sich die Wangenlinien ergeben.

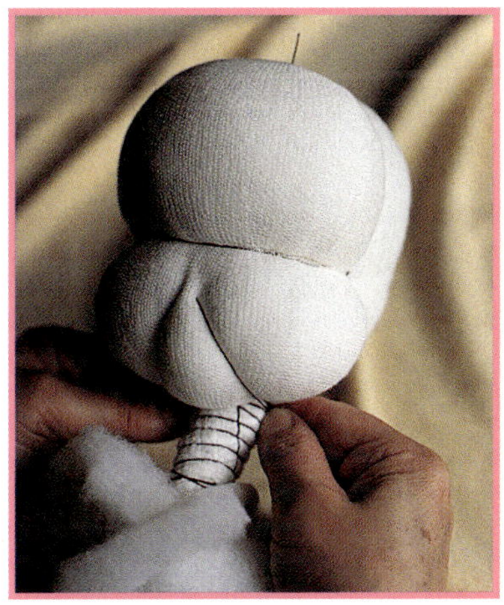

Anschließend mit den Fadenenden den Hals von beiden Seiten aus so oft wie möglich stramm umwickeln. Die beiden Fadenenden zum Schluss doppelt miteinander verknoten. Sollten die Wangen unterschiedlich groß erscheinen, mit dem Stiel des Kaffeelöffels eine Wangenlinie entsprechend verschieben.

Herausarbeiten des Kinns

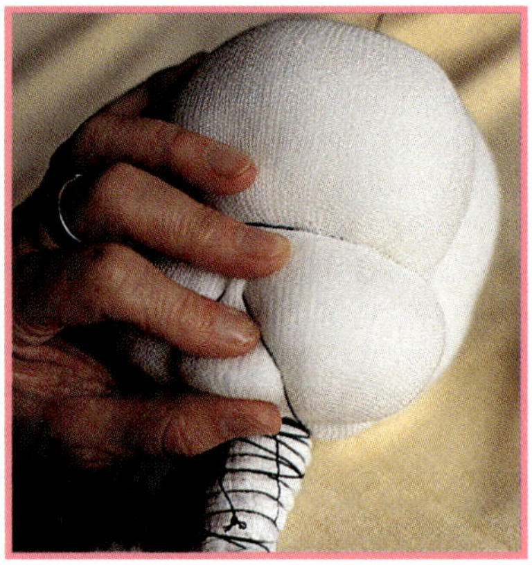

Formen Sie mit Daumen und Zeigefinger zwischen den Wangenlinien die Kinnpartie.

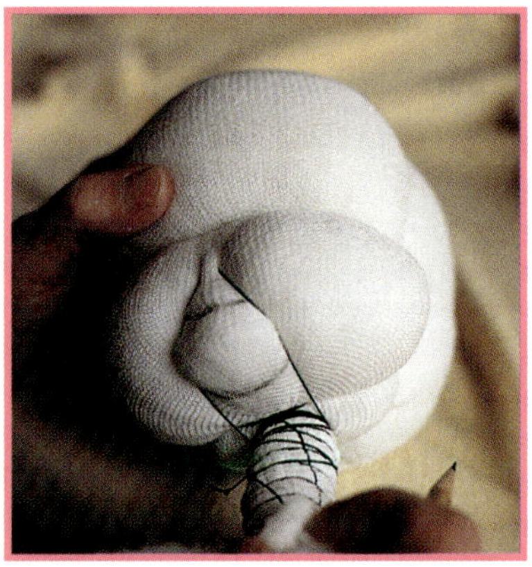

Zeichnen Sie mit dem Bleistift oberhalb und unterhalb des Kinns je eine nach unten gewölbte Linie.

Nähen Sie einen verknoteten Zwirnsfaden an einem Ende der gezeichneten Linie unterhalb des Kinns (unmittelbar neben der Wangenlinie) fest. Führen Sie ihn durch die Watte bis zum Anfang des oberen gezeichneten Bogens. Nähen Sie nun kleine Reihstiche bis zur anderen Wangenlinie. Führen Sie anschließend die Nadel bis zum Anfang des unteren Bogens durch die Watte und reihen Sie den Bogen bis zur anderen Wangenlinie durch. Von dort stechen Sie bis zum Anfang des oberen Bogens durch und ziehen den Faden an. Über die ganze obere Reihstichlinie legen Sie einen Spannstich und führen die Nadel anschließend durch die Watte bis zum Anfang der unteren Linie. Auch über diese legen Sie nur einen einzigen Spannstich, danach stechen Sie bis zum Anfang der oberen Reihstichlinie durch und ziehen den Spannfaden noch einmal an. Zum Schluss führen Sie die Nadel zur unteren Linie und vernähen dort den Faden.

So sieht das fertig modellierte Kinn aus.

Tipp: Sie erleichtern sich die Arbeit, wenn Sie bei allen folgenden Arbeitsgängen, bei denen zwei Stecknadeln gebraucht werden, solche auswählen, deren Glasköpfe in Größe und Farbe übereinstimmen.

Unterlegen der Nase mit Stickgarn

Markieren Sie die Position der Nase, indem Sie zwei Stecknadeln senkrecht in die Watte einstechen.

Führen Sie einen Faden aus Vierfachstickgarn mit einer Stopfnadel von einer Stecknadel bis zur anderen durch die Watte und ziehen Sie den Faden so weit durch, bis sein Ende nur noch knapp sichtbar ist. Anschließend Stecknadeln entfernen. Von Einstichstelle zu Einstichstelle bei kleinen Puppen ca. acht und bei größeren bis zu 14 Spannstiche sticken. Die Stopfnadel gegen eine Sticknadel ohne Spitze auswechseln.

Über die Spannstiche gleichmäßige Knopflochstiche arbeiten (ohne durch die Watte zu stechen!), deren feste Kanten oben liegen müssen. Den Faden nicht abschneiden.

Unterlegen des Mundes mit Stickgarn

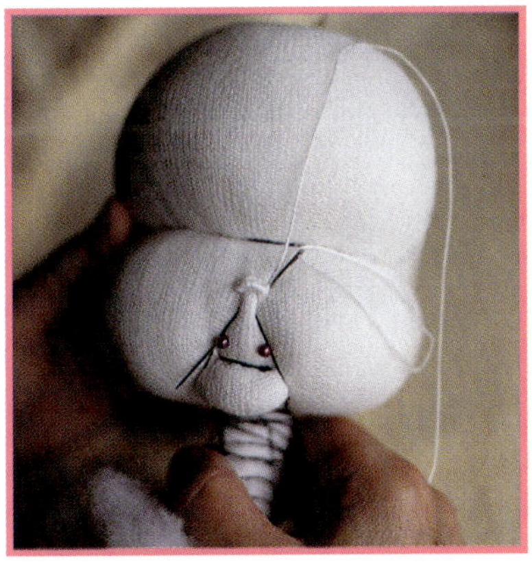

Die Position des Mundes mit zwei Stecknadeln zwischen Nase, Kinn und Wangenlinien bestimmen. Mit einer Stopfnadel denselben Faden, der zum Sticken der Nase benutzt wurde, zu einer Stecknadel des Mundes führen.

Von dieser Stecknadel aus bis zur zweiten fünf (bei Puppen von 20 - 25 cm Größe) bzw. sechs (bei Puppen ab 30 cm Größe) Spannfäden für die Unterlippe ziehen. Die Spannfäden mit Knopflochstichen umsticken. Dabei ihre festen Kanten nach unten legen.

Bei der Oberlippe vorgehen, wie bei der Unterlippe beschrieben, jedoch vier (bei Puppen von 20 - 25 cm Größe) bzw. fünf (bei Puppen ab 30 cm Größe) Spannfäden durch dieselben Markierungspunkte ziehen. Mit der Sticknadel ohne Spitze über den Spannfäden wiederum Knopflochstiche ausführen, deren feste Kanten diesmal jedoch oben liegen müssen.

Mit der Stopfnadel den Faden durch die Watte unter das Kinn führen, dort möglichst unsichtbar vernähen und abschneiden.

Schönheitstest

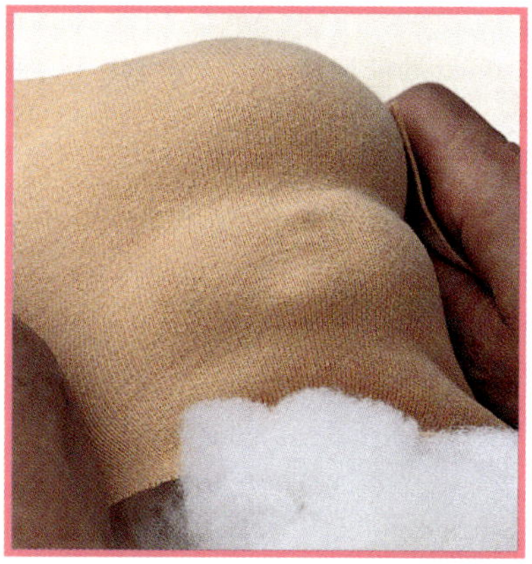

Spannen Sie mit den Händen probeweise ein Trikotstoffstück über das Puppengesicht. Am Profil können Sie feststellen, ob Nase, Ober- und Unterlippe plastisch genug wirken.

Das Trikotstoffstück nun wieder entfernen. Wenn festgestellt wurde, dass Nase und Ober- bzw. Unterlippe nicht ausgeprägt genug sind, die Knopflochstiche durch eine zweite Reihe von Knopflochstichen verstärken.

So sieht der Kopf im Profil aus.

Ermitteln der Maße, Zuschneiden und Nähen der „Kopfhaut"

Legen Sie ein Stück Trikotstoff in senkrechtem Verlauf der Rippen so doppelt, dass die Breite der des Kopfes im Profil entspricht. Schneiden Sie den überflüssigen Stoff seitlich ab.

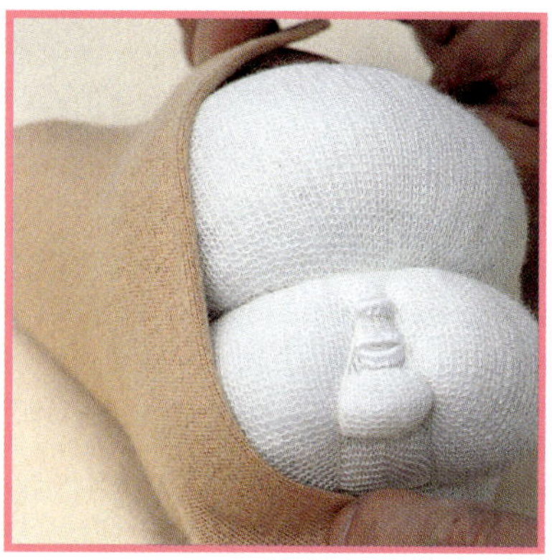

Den unteren Rand des doppelt gelegten Trikotstoffes 2 cm unterhalb des Kinns an den Hals der Puppe halten.

Anschließend legen Sie den Stoff seitlich über die Schläfe bis ca. 1 cm über die Mitte der Schädeldecke hinaus. Markieren Sie dort mit einem Bleistift oder Kugelschreiber einen Punkt.

Legen Sie das doppelte Trikotstoffstück auf einen Tisch. Schneiden Sie von seinem offenen seitlichen Rand aus bis zur Abschlussmarkierung am oberen Stoffrand den überflüssigen Trikotstoff schräg ab (s. die folgenden beiden Abb.). Markieren Sie 2 cm oberhalb des unteren Stoffrandes die Hälfte des Halsdurchmessers (vom Stoffbruch aus gesehen) mit einem Punkt (= Nackenmarkierung). Zeichnen Sie von diesem Punkt aus eine um 0,5 cm in Richtung des Stoffbruchs schräg verlaufende Linie bis zum unteren Stoffrand (= Halsmarkierung).

Zeichnen Sie nun auf dem doppelt liegenden Trikotstoff, von der Nackenmarkierung nach oben verlaufend, die Rundung des Hinterkopfes ein.

Nähen Sie den Stoff über der gezeichneten Kopfform- und Halslinie per Hand oder Maschine mit Steppstichen zusammen. Wo beim Nähen ein Winkel zwischen Nacken und Kopfrundung entstanden ist, mit der Schere einen kleinen Einschnitt in den Trikotstoff bis kurz vor die Naht vornehmen.

Den Stoff bis 5 mm vor der Naht abschneiden. Danach den Trikotstoff wenden.

Befestigung der „Kopfhaut"

Ziehen Sie den genähten Trikotstoff vom Hals aus über den Kopf. Streifen Sie die Naht des Trikotstoffes auf den Hinterkopf und achten Sie im Puppengesicht auf einen senkrechten Verlauf der Stoffrippen. Ziehen Sie die „Kopfhaut" vom Nacken aus kräftig und so weit wie möglich über den Hinterkopf, bis der Trikotstoff schließlich auch im Winkel zwischen Kinn und Hals faltenlos und stramm aufliegt. Schneiden Sie den überlappenden Stoff am Scheitelpunkt des Kopfes ab; es ist nicht nötig, dass der Kopf völlig mit „Haut" bedeckt wird.

Den Stoff am Oberkopf mit Nadeln anstecken und mit Spannstichen an der Schädeldecke annähen. Befestigen Sie ihn möglichst faltenlos, da Falten bei einigen Frisuren von Nachteil sein können.

Tipp: Bei den folgenden Arbeiten im Gesicht – insbesondere bei Puppen von ca. 40 cm Größe – ist es hilfreich, statt der Stopfnadel eine Puppennadel zu verwenden.

Markieren der Augen

Mit je zwei Glaskopfstecknadeln in der Augenlinie die Position der Augen festlegen. Bei kleinen Puppenköpfen sollte der Abstand zwischen den zwei Nadeln eines jeden Auges ca. 1 cm und bei größeren bis zu 1,75 cm betragen.

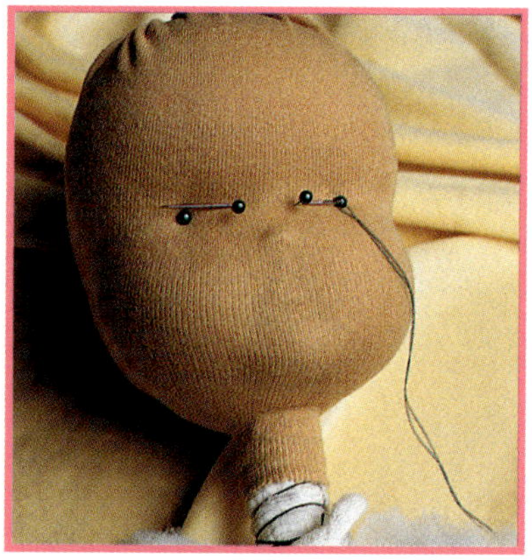

Von der innen liegenden Stecknadel eines Auges bis zur innen liegenden Stecknadel des zweiten einen Nähgarnfaden mit einer Stopfnadel durch die Watte ziehen. Den Anfang des Fadens ca. 30 cm hängen lassen.

Führen Sie an der innen liegenden Stecknadel des zweiten Auges einen Spannstich von 1 mm nach oben aus. Schieben Sie die Nadel durch die Watte zur außen liegenden Stecknadel dieses Auges und führen Sie dort wiederum einen 1 mm langen Spannstich nach oben aus. Anschließend den Faden schräg durch die Watte zum nächstgelegenen „Ohr" führen, festnähen und abschneiden.
Am ersten Auge ebenso arbeiten, wobei das Fadenende verwendet wird, das dort überhängt. Dieses danach durch den Kopf zum anderen „Ohr" führen, leicht anziehen, festnähen und abschneiden.

Einziehen der Nasenlöcher

Legen Sie die Position der beiden Nasenlöcher unterhalb der Nasenwölbung durch zwei Stecknadeln fest. Markieren Sie die Nasenlöcher ebenso wie die Augen mit einem 1 mm langen Stich nach oben und vernähen Sie die Fadenenden an den Ohrstellen.

Straffen des Mundes

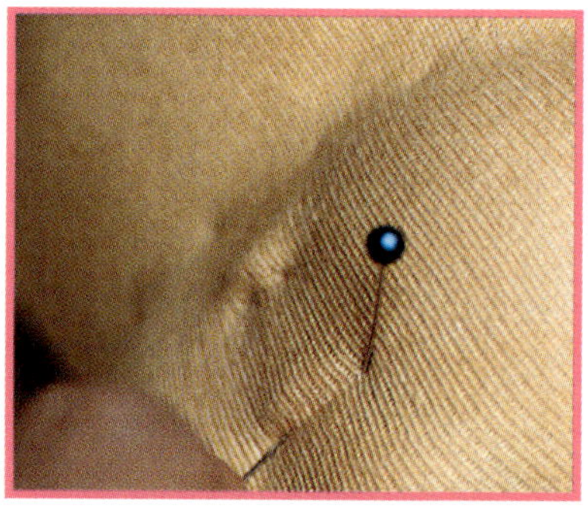

Eine Stecknadelspitze mit leichtem Druck durch die Vertiefung zwischen Ober- und Unterlippe ziehen, wodurch der Trikotstoff gestrafft wird. Diese Stoffspannung anhalten, indem beidseitig in die Mundwinkel je eine Nadel gesteckt wird.

Ziehen Sie mit einer Nadel einen Nähgarnfaden von Stecknadel zu Stecknadel durch die Watte. Nähen Sie die Mundwinkel ebenso wie die Augenlider und Nasenlöcher ein. Führen Sie jedes Fadenende wiederum durch die Watte zum nächstgelegenen „Ohr", anschließend den Faden festnähen und abschneiden.

Weiterer Arbeitsverlauf

Nach Fertigstellung des Kopfes kann nun die Arbeit mit dem Zuschneiden der weiteren Körperteile (s. Schnittmusterbogen) und der entsprechenden Materialien für Rumpf, Arme und Beine fortgesetzt werden. Die Materialmengenangaben für die Puppen in verschiedenen Größen finden Sie bei den Einzelbeschreibungen.

Nähen und Ausschneiden von Rumpf, Armen und Beinen

Legen Sie ein Stück Trikotstoff für alle Körperteile in senkrechtem Verlauf der Rippen rechts auf rechts doppelt. Das Schnittmuster für den Rumpf einmal und für die Arme und Beine je zweimal mit Stecknadeln auf der linken Stoffseite befestigen. Dabei auf den durch Pfeile angegebenen Fadenlauf achten. Sichern Sie den Beginn und das Ende aller folgenden Nähte jeweils durch einen Rückstich. Nähen Sie mit der Maschine entlang den Schnittmustern und achten Sie darauf, dass alle Körperteile oben offen bleiben. Schneiden Sie nun die Körperteile mit Nahtzugaben aus. In den Winkeln zwischen Daumen und Handrundungen (falls Finger vorhanden, auch zwischen den Fingerkuppen) müssen die Nahtzugaben bis kurz vor die Nähte eingeschnitten werden. Wenden Sie nun alle Körperteile auf rechts.

Füllen des Rumpfes

Wickeln Sie beide Stücke des geteilten Wattestreifens für den Rumpf zu einer lockeren Rolle und legen Sie diese zunächst zur Seite. Schlagen Sie die zwei Stücke des geteilten Wattequadrats für den Po zur Hälfte um, sodass sich ein Rechteck ergibt.

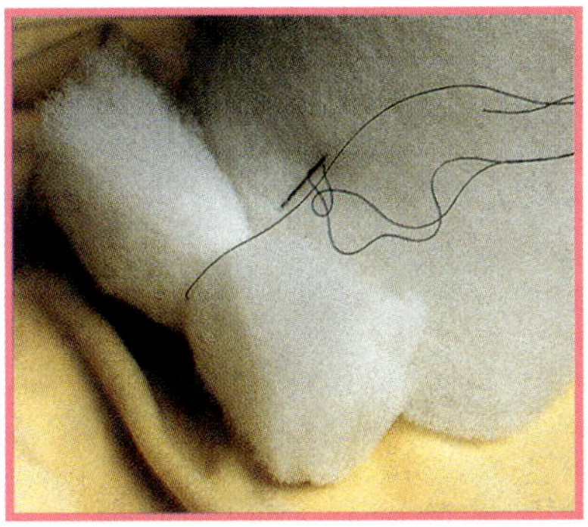

Die Watte für den Po, wie auf dem Foto gezeigt, in der Mitte umwickeln, den Faden durch einen doppelten Stich sichern und anschließend die gewickelte Watte mit demselben Faden mit Nähstichen auf den unteren Rand der senkrecht gehaltenen Rumpfrolle nähen.

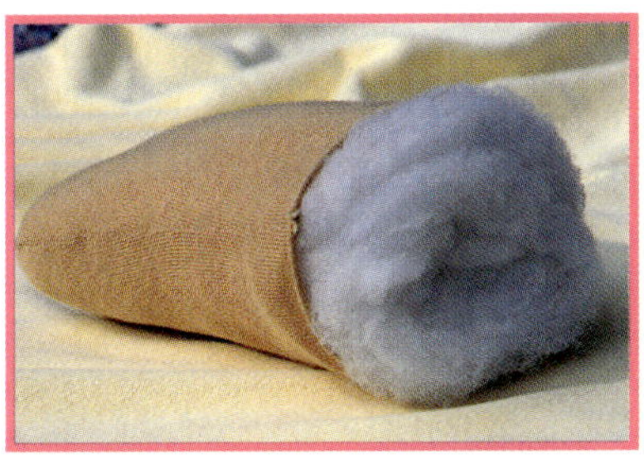

Die Watte für Rumpf und Po in den genähten Rumpf schieben. Dabei die abgerundeten Winkel gut ausfüllen.

Einnähen der Finger

Bei 20, 25 und 30 cm großen Puppen verzichten Sie auf die Finger oder nähen diese vor dem Füllen mit Vorstichen per Hand. Dabei jeweils in der Rückreihe die Nadel in die Zwischenräume der Hinreihe einführen. Bei 35 - 40 cm großen Puppen nähen Sie die Finger mit Steppstichen mit der Maschine.
Beim Einnähen der Finger die für sie vorgesehene Fläche der Hand zunächst mit einer Naht in der Mitte teilen. Rechts und links davon mit je einer weiteren Naht Finger bilden.

Füllen der Hände und Arme

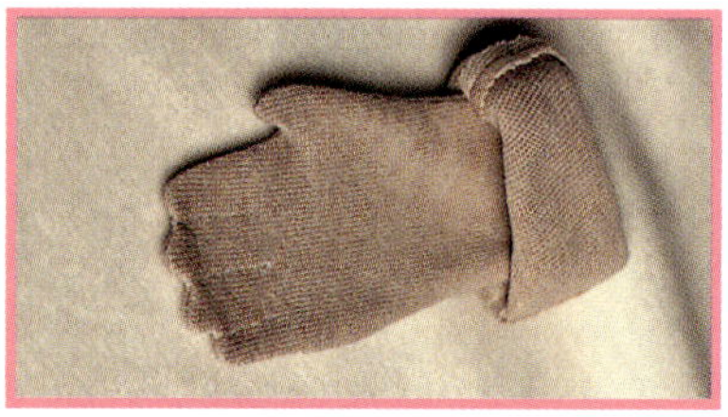

Den Trikotstoff eines Armes zurückstülpen.

Mit Hilfe einer feinen Scherenspitze führen Sie kleine Wattebäuschchen in den Daumen und die Finger. Achten Sie dabei darauf, dass Sie die Spitzen gut ausfüllen. Danach beginnen Sie, die Hand flach zu füllen. Hände ohne Finger werden bis in die Rundungen etwas fester gefüllt.

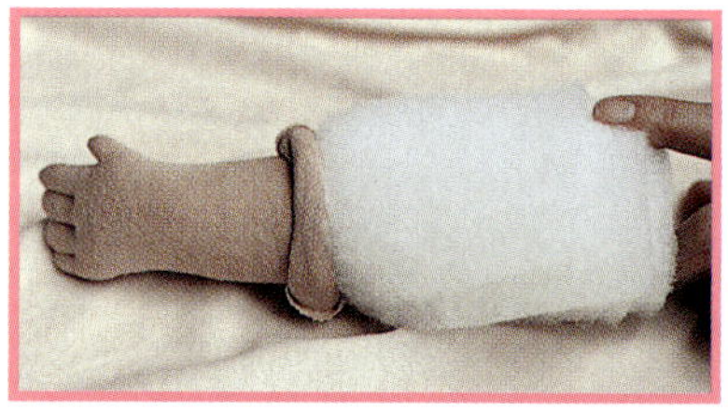

Beide Stücke des geteilten Watterechtecks zu einer festen Rolle wickeln und möglichst glatt in den Arm führen. Während des Füllens den Trikotstoff nach und nach lang ziehen. Den zweiten Arm auf die gleiche Weise füllen.

Füllen der Füße und Beine

Stülpen Sie den Trikotstoff eines Beines zurück. Füllen Sie den Fuß flach mit Watte. Achten Sie dabei darauf, dass auch die Fußspitze gut gefüllt wird. Wickeln Sie die beiden Stücke des geteilten Watterechtecks für ein Bein zu einer festen Rolle und führen Sie diese in das Bein ein. Ziehen Sie den Trikotstoff nach und nach wieder lang. Schlagen Sie ihn an der Beinöffnung 0,5 cm nach innen und nähen Sie ihn mit Spannstichen von Naht zu Naht zusammen. Das zweite Bein auf die gleiche Weise füllen und schließen.

Ansetzen der Arme an den Rumpf

Den Arm oberhalb der Füllung, ca. 2 cm unterhalb des Stoffrandes, an einem Punkt mit Nähgarn zusammennähen, wodurch er später gut anliegt, da die Watte nicht nach oben rutschen kann.

Das Ende eines Oberarmes in zwei Kellerfalten legen. Dafür die beiden Nähte gegeneinander schieben.

Den Oberarm in dieser Lage mit Spannstichen schließen.

Den Arm am oberen Rand des Rumpfes über der senkrecht verlaufenden Seitennaht mit einer Stecknadel befestigen. Dabei darauf achten, dass der Daumen zur Vorderseite des Körpers zeigt.

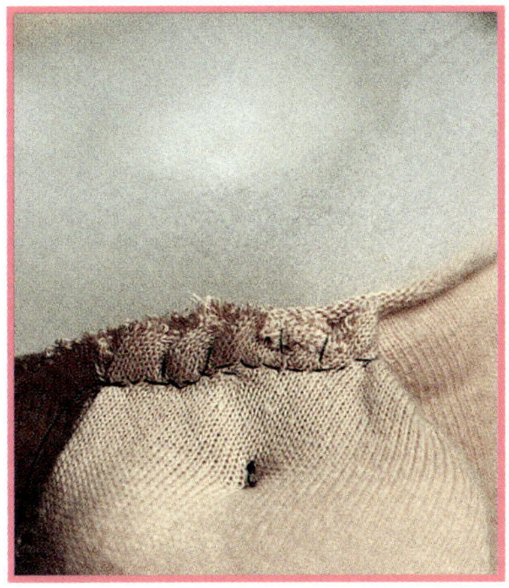

Den Arm etwa 0,5 cm vom Rand des Rumpfes entfernt mit Steppstichen annähen.

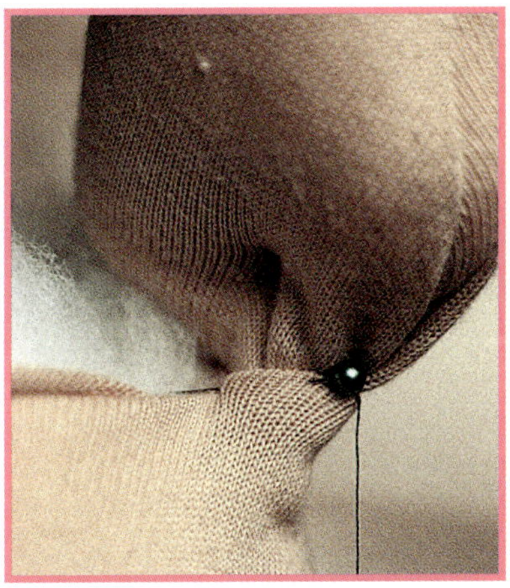

Links vom Arm den Rand des Rumpfes ca. 0,5 cm nach innen umschlagen, an das hochgelegte Ärmchenende halten, bis zur Mitte der Armbreite feststecken und mit Spannstichen annähen. Ebenso verfahren Sie mit dem Rand des Rumpfes rechts vom Arm.

Die Schulter zunächst nur ca. 1 cm mit Spannstichen schließen. Alle Arbeitsgänge am zweiten Arm und an der zweiten Schulternaht wiederholen.

Aufsetzen des Kopfes

Formen Sie mit den Fingern mitten in der Diolenwatte des Rumpfes eine Vertiefung. Schieben Sie den Hals des bereits fertig gestellten Puppenkopfes dort tief hinein, wobei er im Nacken ca. 0,5 cm und vorne ca. 1 cm sichtbar bleibt.

Den umgeschlagenen Rand des Rumpfes und den Hals mit Stecknadeln zusammenfügen und mit Zwirn oder Knopflochseide durch Matratzenstiche zusammennähen.

Stopfen Sie gegebenenfalls zusätzlich noch etwas Watte in die Schultern und schließen Sie jetzt die Schulternähte mit Matratzen- oder Spannstichen ganz.

Formen der Pobacken

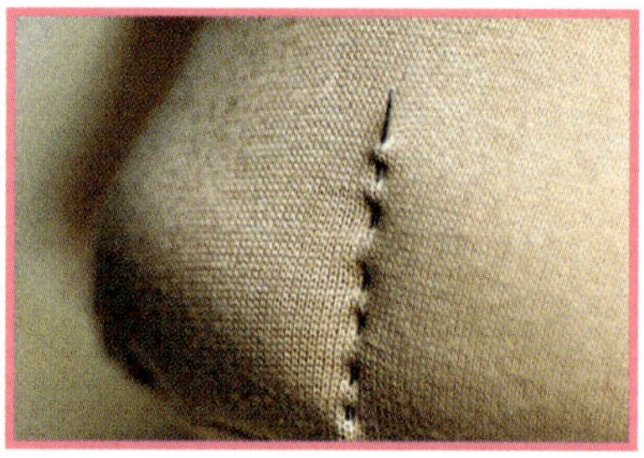

Eine Reihe von Vorstichen ausführen, die vom Mittelpunkt der unteren Rumpfnaht in Richtung des Rückens und wieder zurück verläuft. Dabei die Vorstiche der Rückreihe in die Zwischenräume der Hinreihe sticken. Den Faden etwas anziehen, wodurch die Pobacken ausgeprägt werden.

Annähen der Beine

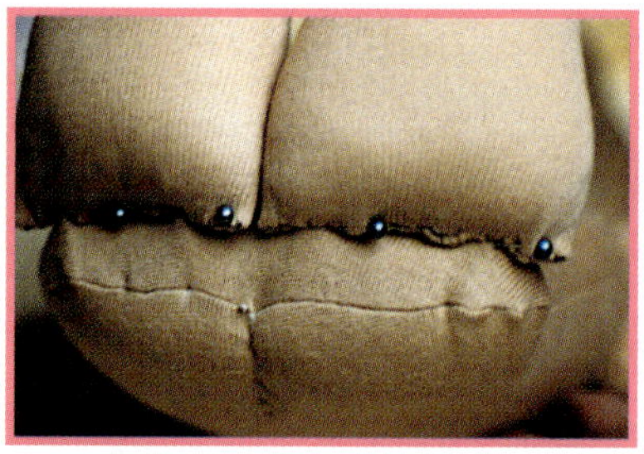

Die Beinenden ca. 1 cm oberhalb der waagerechten Rumpfnaht an der unteren Bauchpartie mit Stecknadeln befestigen und rundherum mit Matratzenstichen annähen.

Stellung der Füße

In Höhe der auf dem Schnittmuster gestrichelten Linie mit Hilfe einer Schere die Füße nach vorne knicken.

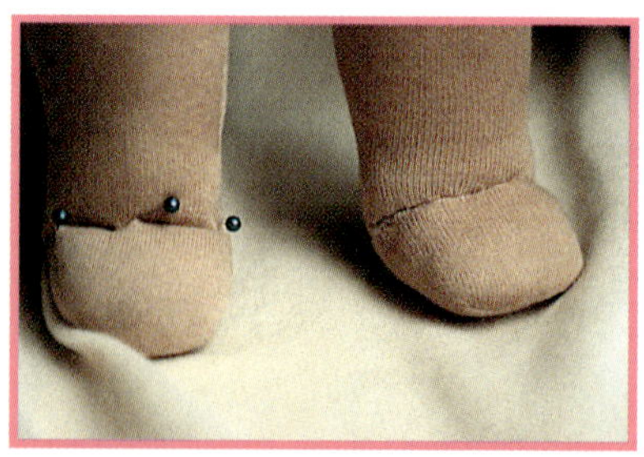

Schienbeine und Fußrücken durch Stecknadeln miteinander verbinden. Diese Fußstellungen jeweils von einer Seite der Fersenspitze bis zur anderen durch Matratzenstiche festhalten.

Die Frisur

Webfellkäppchen

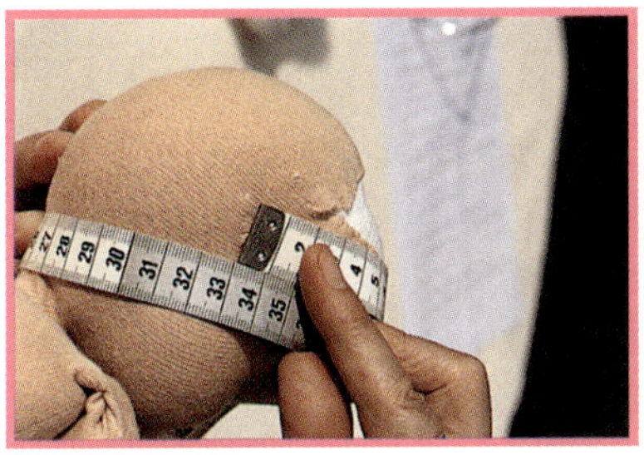

Von einer Ohrstelle aus den Umfang des Puppenkopfes rund um den späteren Haaransatz messen (= Maß Nr. 1). Bei Puppen, die kleiner als 25 cm sind, 0,5 cm zugeben.

Vom Haaransatz an der Stirn bis zum Haaransatz im Nacken messen und das Ergebnis durch zwei teilen (= Maß Nr. 2). Bei Puppen, die kleiner als 25 cm sind, 0,5 cm zugeben.

Schneiden Sie ein Rechteck aus Webfell nach den beiden ermittelten Maßen Nr. 1 und Nr. 2 zu; die Längsseite liegt quer zum Fadenlauf. Achten Sie darauf, dass Sie das Webfell von der linken Stoffseite aus zuschneiden und die Schere nur flach durch das Gewebe führen, damit die Haare nicht gekürzt werden.

Auf der Rückseite des Webfells (flauschige Seite nach unten) wie abgebildet in der oberen Stoffhälfte drei gleich große Bögen zeichnen.

Die Bögen mit der Schere ausschneiden.

Alle Bögen mit den Haaren nach innen so zusammenstecken, dass ein Käppchen entsteht.

Nähen Sie die Nähte mit der Hand oder Maschine 0,5 cm vom Rand entfernt mit Steppstichen zusammen und wenden Sie das Käppchen. Ziehen Sie das Webfellkäppchen auf den Puppenkopf, wobei die durchgehende Naht als Mittelscheitel genutzt wird.

Das Käppchen am gewünschten Haaransatz mit Glaskopfstecknadeln befestigen und mit Matratzenstichen annähen.

Führen Sie die Stiche vor dem Haaransatz durch die Watte und ca. 1 cm davon entfernt durch das Webfell, ohne dabei durch die Watte zu stechen. Ziehen Sie nach jedem Stich den Faden kräftig an. Die Haare, die sich bei der Fertigung des Käppchens in den Nähten und bei seiner Befestigung am Haaransatz verfangen haben, müssen mit einer Stopfnadel kräftig freigezogen werden.

Wollkäppchen

Häkeln Sie drei Luftmaschen und schließen Sie sie zum Kreis. In der nächsten Runde jeweils zwei feste Maschen in eine Luftmasche der ersten Runde häkeln. In den folgenden Runden je zwei feste Maschen in jede Masche der Vorrunde einfügen, bis der Scheitelpunkt des Puppenkopfes gut bedeckt ist. Danach nur noch in jede zweite Masche der Vorrunde zwei und in die Zwischenmaschen jeweils eine feste Masche einfügen. Nach einigen Runden eine Masche in jede Masche der Vorrunde häkeln.

Führen Sie diese Arbeitsweise fort, bis der Haaransatz erreicht ist. Da das Käppchen der Kopfform genau angepasst werden muss, sollten Sie zwischen den Arbeitsschritten immer wieder am Kopf Maß nehmen.

Probieren Sie aus, bei welcher Haaransatzhöhe das Puppengesicht am hübschesten wirkt.

Das Wollkäppchen am Haaransatz mit Glaskopfstecknadeln befestigen und mit Nähgarn und Spannstichen annähen.

Mittelscheitel

Bei Wollfrisuren haben Sie die Möglichkeit, mit Hilfe einer Luftmaschenkette einen Mittelscheitel zu bilden. Gehen Sie dabei folgendermaßen vor: Häkeln Sie eine Luftmaschenkette aus der gewünschten Wolle. Die Länge sollte der Entfernung zwischen dem Haaransatz oberhalb der Stirn und dem Haaransatz im Nacken entsprechen.

Legen Sie die Luftmaschenkette als Mittelscheitel über den Kopf. Danach wird sie dort mit Nadeln festgesteckt und beidseitig mit Spannstichen angenäht. Verwenden Sie möglichst ein Nähgarn in der Farbe der Wolle, damit die Stiche unsichtbar bleiben.

Pony

Markieren Sie den Haaransatz oberhalb der Stirn mit einem bunten Faden durch Reihstiche. Ziehen Sie einen langen Wollfaden in die Nadel, stechen Sie seitlich der Stirn am Faden in die Watte ein und 2 cm in Richtung Kopfmitte wieder heraus. Anschließend nach hinten einen kurzen Spannstich vornehmen, die Nadel zurück in Richtung des Markierungsfadens führen und dort herausziehen.

Diese Arbeitsgänge wiederholen und dabei auf der Stirn Schlaufen bilden, deren Größen der gewünschten Ponylänge entsprechen sollten. Die Schlaufen in der Mitte aufschneiden, die Ponyhaare auf gleiche Länge bringen und zum Schluss den Markierungsfaden entfernen.

Wenn Sie eine Frisur mit gehäkeltem Käppchen und Pony herstellen wollen, gehen Sie in der soeben beschriebenen Weise vor, wobei die Luftmaschenkette natürlich entfällt. Der Haaransatz wird nicht durch einen Markierungsfaden bestimmt, sondern durch den Käppchenrand.

Das Gesicht

Die Gestaltung des Gesichts ist die schönste Aufgabe bei der Herstellung einer Puppe. Das Ende der Arbeit rückt jetzt in greifbare Nähe und bei den Puppenmachern steigt die Spannung und Neugier. Bald wird nämlich, je nach Mimik, der „Charakter" der Puppe zu erkennen sein.

Gestalten Sie das Puppengesicht in Ruhe und ohne Zeitdruck. So werden Sie die besten Ergebnisse erzielen.

Tipp: Achten Sie darauf, dass Sie beim Malen der Augenpaare jeden kleinen Arbeitsschritt, der am ersten Auge durchgeführt wurde, sofort am zweiten wiederholen. Nur so kann die Symmetrie gewahrt werden.

Vor Malbeginn sollten Sie die noch geschlossenen Gläschen schütteln, damit sich die Farben in den Schraubverschlüssen absetzen können. Tauchen Sie die Malwerkzeuge nicht in die Gläschen, da sie dort zu stark getränkt würden, sondern entnehmen Sie die Farben aus den Schraubverschlüssen. Bedenken Sie, dass ein Zuviel an Farbe immer schlechter ist als ein Zuwenig.

Legen Sie sich zum Abtupfen der Malwerkzeuge Papiertaschentücher bereit.

Falls Sie doch einmal einen Fehler gemacht haben, lassen Sie die Farben antrocknen und übermalen Sie sie anschließend. Form- und Farbkorrekturen lassen sich am besten mit einer Stopfnadelspitze vornehmen.

Alle in diesem Kapitel abgebildeten Zeichnungen können in der Größe nach Geschmack verändert werden.

Farben

Für blaue Augen:
z. B. Marabu/Textil plus
Nr. 090 Hellblau
und Marabu/Textil
Nr. 053 Dunkelblau
Nr. 045 Dunkelbraun
Nr. 073 Schwarz
Nr. 070 Weiß
Nr. 036 Korallenrot

Für braune Augen
von hellhäutigen Puppen:
z. B. Marabu/Textil
Nr. 048 Dunkelocker
Nr. 045 Dunkelbraun
Nr. 073 Schwarz
Nr. 070 Weiß
Nr. 036 Korallenrot
(Es ist auch möglich, kleine Tröpfchen der Textilfarben, wie z. B. Dunkelocker und Dunkelbraun, nach eigenem Ermessen zu mischen.)

Für braune Augen
von dunkelhäutigen Puppen:
z. B. Marabu/Textil
Nr. 045 Dunkelbraun
Nr. 073 Schwarz
Nr. 070 Weiß
Nr. 036 Korallenrot

Augen mit Blick nach vorn

Farbangaben für:

a) blaue Augen

b) braune Augen
bei hellhäutigen Puppen

c) braune Augen
bei dunkelhäutigen Puppen

Mit dem Glaskopf einer Stecknadel die Farbe Hellblau (a), Dunkelocker (b) oder Dunkelbraun (c) aufnehmen und mitten zwischen die zwei durch kleine Reihstiche markierten Stellen des Auges einen etwa erbsengroßen Punkt malen (= Iris). Die Größe kann nach eigenem Geschmack variiert werden.

Mit einem Zahnstocher die Farbe Dunkelblau (a), Dunkelbraun (b) oder Schwarz (c) aufnehmen und den Rand der unteren Hälfte der Iris zart betonen.

Mit einem Zahnstocher die Farbe Dunkelbraun (a und b) oder Schwarz (c) aufnehmen und den Rand der oberen Hälfte der Iris zart betonen.

Mit dem Metallkopf einer Stecknadel die Farbe Schwarz (a, b, c) aufnehmen und in die Mitte der Iris einen Punkt malen (= Pupille).

Nehmen Sie nun die Farbe Dunkelbraun (a und b) oder Schwarz (c) mit einem Zahnstocher auf und ziehen Sie von dem dunkelbraunen bzw. schwarzen Bogen aus ungefähr bis zum oberen Ansatz der Pupille vier bis fünf senkrechte Striche (= Schattierung).

Greifen Sie jetzt zu einer Stopfnadelspitze und setzen Sie mit Dunkelbraun (a und b) oder Schwarz (c) außen am oberen Rand der Iris beidseitig Lidstriche an, die in leicht nach außen gewölbten Bögen bis knapp unter die Hälfte des Auges fortgeführt werden. (Die Lidstriche müssen nicht in den durch Reihstiche abgenähten Punkten enden.)

Anschließend mit einer Stopfnadelspitze weiße Farbe (a, b, c) aufnehmen und damit die Dreiecke rechts und links der Iris ausfüllen (= Augapfel).

Mit einer Stopfnadelspitze erneut weiße Farbe (a, b, c) aufnehmen und in die Pupille oder Iris (bei beiden Augen an der gleichen Stelle!) einen oder mehrere kleine Punkte malen (= Lichteinfall).

Zum Schluss mit einer Stopfnadelspitze rote Farbe (a, b, c) aufnehmen und am Ende des zur Nase führenden Lidstriches einen winzigen Punkt malen (= Tränenkanal).

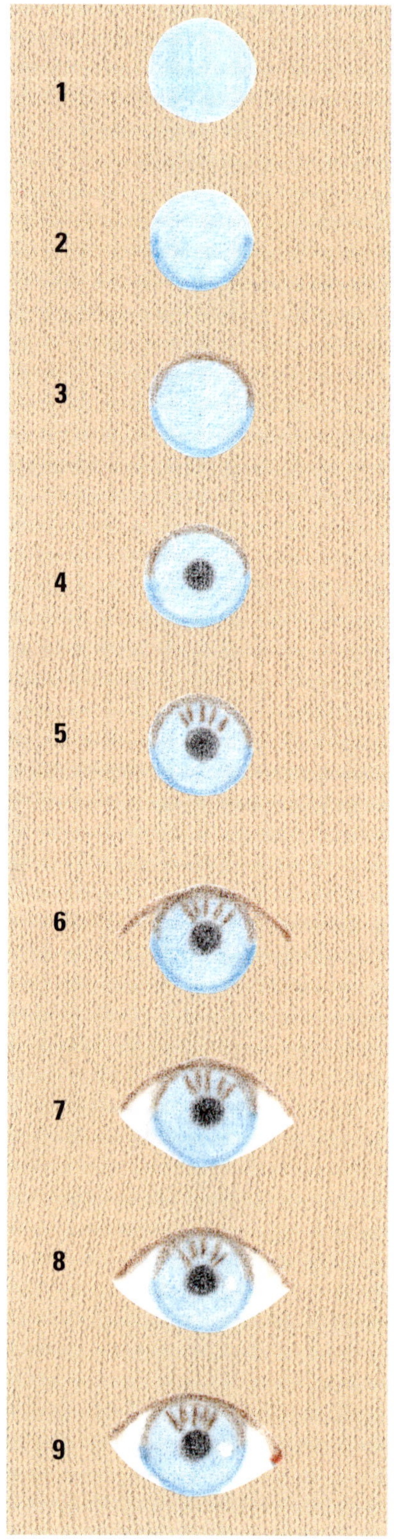

Augen mit Blick zur Seite

(nur für hellhäutige Puppen geeignet)
Farbangaben für:
a) blaue Augen
b) braune Augen

Mit dem Metallkopf einer Stecknadel schwarze Farbe (a und b) aufnehmen und die Pupille - bei beiden Augen auf der gleichen Seite - in den rechten oder linken Augenwinkel einsetzen.

Mit einer Stopfnadelspitze dunkelbraune Farbe (a und b) aufnehmen und die zwei durch kleine Reihstiche markierten Stellen des Auges jeweils durch eine leicht nach oben gewölbte punktierte Linie miteinander verbinden.

Die Linie verdichten (= Lidstrich).

Mit einem Zahnstocher die Iris in Hellblau (a) oder Dunkelocker (b) um die Pupille herum malen. (Wegen der Abgrenzung durch den Lidstrich ergibt sich zwangsläufig keine runde Form.)

Mit einer Stopfnadelspitze Dunkelblau (a) oder Dunkelbraun (b) aufnehmen und die Iris an dem äußeren Rand, der nicht durch den Lidstrich abgegrenzt ist, ganz dünn betonen.

Mit einem Zahnstocher dunkelbraune Farbe (a und b) aufnehmen und vom Lidrand bis zur Pupille senkrecht vier bis fünf Striche ziehen (= Schattierung).

Mit einer Stopfnadelspitze weiße Farbe (a und b) aufnehmen und die Dreiecke neben der Iris austupfen (= Augapfel).

Mit einer Stopfnadelspitze erneut weiße Farbe (a und b) aufnehmen und in die Pupille oder Iris (bei beiden Augen an der gleichen Stelle!) einen oder mehrere kleine Punkte malen (= Lichteinfall).

Mit einer Stopfnadelspitze rote Farbe (a und b) aufnehmen und am Ende des zur Nase führenden Lidstrichs einen winzigen Punkt malen (= Tränenkanal).

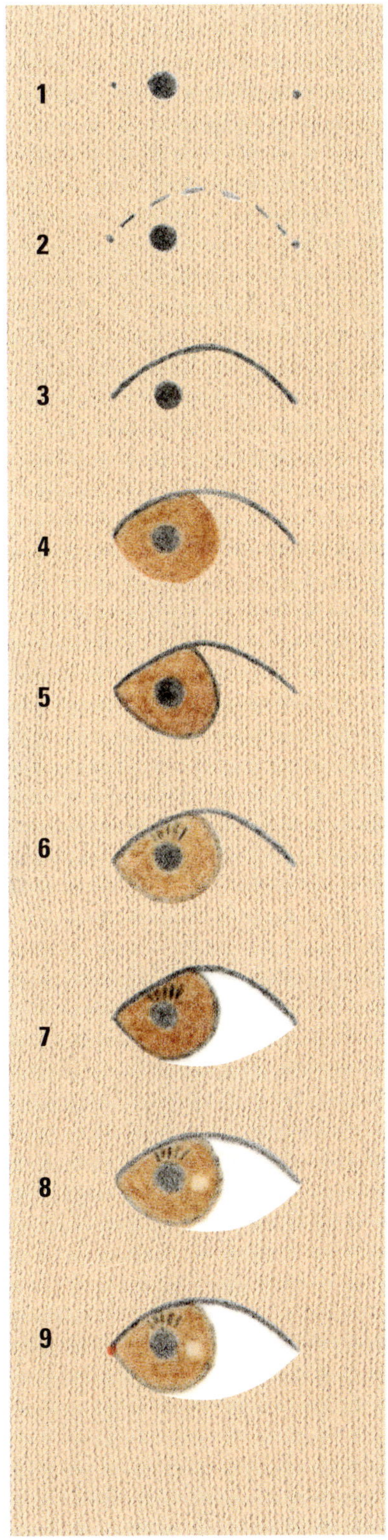

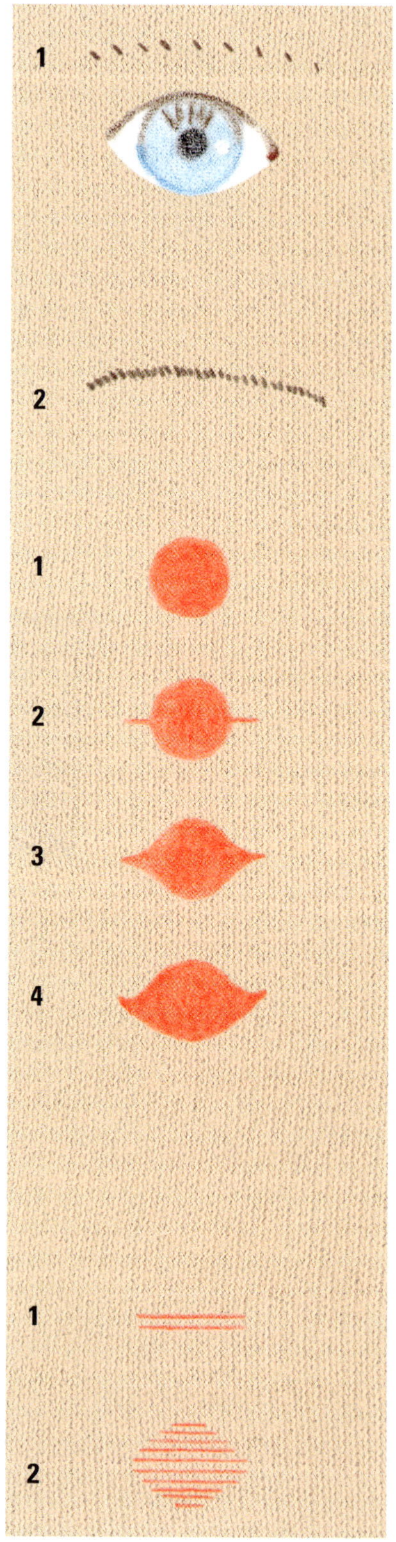

Augenbrauen
Farbe:
z. B. Marabu/Textil
Nr. 048 Dunkelocker

Mit einer Stopfnadelspitze durch kurze Striche, die nicht zu dicht beieinander liegen dürfen, die Augenbrauen ganz leicht nach oben gewölbt markieren.

Führen Sie die gestrichelten Linien jeweils zur Nase hin etwas über die Augen hinaus. Zu den Schläfen hin sollten sie mit den Enden der Augenlider abschließen.

Die gestrichelten Linien etwas verdichten und dabei eventuelle Höhenunterschiede ausgleichen.

Malen des Mundes bei hellhäutigen Puppen
Farbe:
z. B. Marabu/Textil
Nr. 036 Korallenrot

Mit dem Glaskopf einer Stecknadel und roter Farbe mitten auf den mit Stickgarn unterlegten Mund einen Punkt malen.

Mit einem Zahnstocher in Höhe der waagerechten Mittellinie des Punktes beidseitig je einen kurzen Strich ansetzen.

Die so entstandenen Winkel mit dem Zahnstocher oben und unten abrunden.

Die abgerundete Mittellinie mit dem Zahnstocher beidseitig durch je einen kurzen Strich nach oben verlängern, was einen freundlichen Gesichtsausdruck ergibt.

Die eingenähten Punkte müssen nicht unbedingt als Enden des Mundes angesehen werden. Es darf über sie hinaus gemalt werden.

Sticken des Mundes bei dunkelhäutigen Puppen
Verwenden Sie ein Fädchen des sechsfädigen hellroten Sticktwistes.

Mit einer spitzen Sticknadel von einem durch Nähgarn markierten Mundwinkel bis zum anderen untereinander ohne Zwischenraum zwei Spannstiche sticken.

Weitere Spannstiche, die jedes Mal etwas kürzer werden, wiederum ohne Zwischenräume parallel zu den ersten beiden nach oben und unten anfügen.

Make-up bei allen Puppen

Bemalen Sie die Wangen vorsichtig mit einem zinnoberroten Wachsfarbstift oder Buntstift (Farbe bitte nicht völlig kreisförmig auftragen!). Lassen Sie die Farbe nach außen langsam blasser werden. Tragen Sie auch auf Stirn, Nase und Kinn einen ganz zarten Hauch von Farbe auf.

Arbeitsanleitungen für die Einzelpuppen

In diesem Kapitel finden Sie genaue Materialangaben und ergänzende Arbeitsanleitungen für die Herstellung der Einzelpuppen. Beginnen Sie jedoch mit den Arbeitsschritten des vorherigen Kapitels.

Zwillinge im Partnerlook (Größe: ca. 20 cm)

Materialien für eine Puppe

a) Für den Kopf:

- Schlauchverband, 20 cm
- Diolenwatte für den Kopf, 25 x 25 cm
- Diolenwatte für den Hals, 14 x 25 cm
- 3 Abbindefäden à 70 cm
- Wangenfaden, 50 cm
- Vierfachstickgarn, 100 cm
- Trikotstoff, 12 x 12 cm
- Webfell für die Haare, 22 x 7 cm

b) Für Rumpf, Po, Arme und Beine:

- Trikotstoff, 15 cm
- Diolenwatte für den Rumpf, 9 x 40 cm
- Diolenwatte für den Po, 6 x 6 cm
- Diolenwatte je Arm, 6 x 15 cm
- Diolenwatte je Bein, 8 x 18 cm
- Rest Diolenwatte für Finger, Hände und Füße

Gesamtmenge der Diolenwatte je Puppe: 25 cm

Geflochtener Haarkranz aus blondem Webfell für das Mädchen (Haarlänge ca. 8 cm)

Führen Sie zunächst die Vorarbeiten für die Webfellfrisuren aus (s. S. 25). Arbeiten Sie danach folgendermaßen weiter:

Versehen Sie eine 100 cm lange Kordel mit einer Knotenreihe: Nach 12 cm wird der erste Knoten gearbeitet und anschließend alle folgenden im Abstand von jeweils 1 cm.

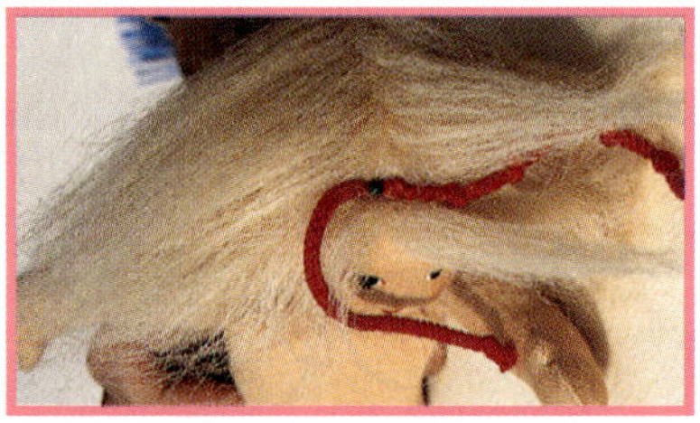

Von der Kopfmitte aus die Haare nach außen bürsten, den gesamten Haaransatz in entgegengesetzte Richtung bürsten. Die Kordel am ersten Knoten seitlich oberhalb der Stirn mit einer Stecknadel befestigen und dort mit dem Flechten beginnen.

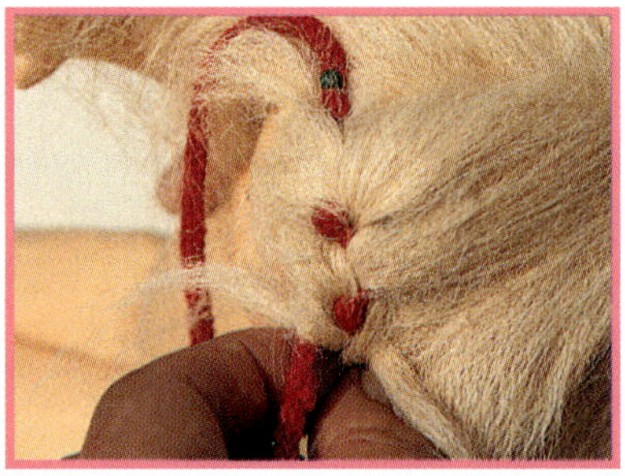

Dabei mit jeder Hand einen Haarstrang fassen und die Kordel als dritten Strang verwenden.

Arbeiten Sie um den Kopf herum und greifen Sie dabei abwechselnd mit der rechten und linken Hand jeweils ein kleines Haarbüschel zusätzlich auf. Setzen Sie den Flechtvorgang so lange fort, bis der Kreis geschlossen ist. Anschließend entfernen Sie die Stecknadeln. Verknoten Sie dann Anfang und Ende der Kordel miteinander und binden Sie die Enden zur halben Schleife. Nun jedes Kordelende abknoten und die beiden letzten Haarbüschel mit der Häkelnadel unter den Haarkranz ziehen. Evtl. noch heraushängende Haare zu einer Locke formen und den Haaransatz mit den Fingerspitzen etwas auflockern.

Frisur aus weißem Webfell für den Jungen (Haarlänge ca. 1,5 cm)

Führen Sie die Vorarbeiten zu Webfellfrisuren aus (s. S. 25). Achten Sie jedoch beim Zuschneiden des Webfells darauf, dass seine Längsseite parallel zum Fadenlauf liegt und sich die überstehenden Haare an einer Schmalseite befinden. Nutzen Sie bei der Befestigung des Webfellkäppchens die durchgehende Naht als Seitenscheitel.

Mädchen mit Lockenkopf und Zöpfen (Größe ca. 25 cm)

Materialien

a) Für den Kopf:

- Schlauchverband, 25 cm
- Diolenwatte für den Kopf, 30 x 30 cm
- Diolenwatte für den Hals, 16 x 30 cm
- 3 Abbindefäden à 80 cm
- Wangenfaden, 50 cm
- Vierfachstickgarn, 130 cm
- Trikotstoff, 14 x 14 cm
- 1 Handvoll naturweiße, ungesponnene Schafwolle für die Haare
- Kardierte Schafwolle, 1/2 Strang (= ca. 23 cm) für die Haare

b) Für Rumpf, Po, Arme und Beine:

- Trikotstoff, 15 cm
- Diolenwatte für den Rumpf, 10 x 50 cm
- Diolenwatte für den Po, 7 x 7 cm
- Diolenwatte je Arm, 7 x 20 cm
- Diolenwatte je Bein, 10 x 24 cm
- Rest Diolenwatte für Finger, Hände und Füße

Gesamtmenge der Diolenwatte: 40 cm

Lockenkopf mit Zöpfen aus ungesponnener, naturweißer Schafwolle und kardierter Schafwolle

Zupfen Sie etwas ungesponnene Schafwolle so zurecht, dass ein Strang entsteht. Nähen Sie einen Faden am Haaransatz im Nacken fest.

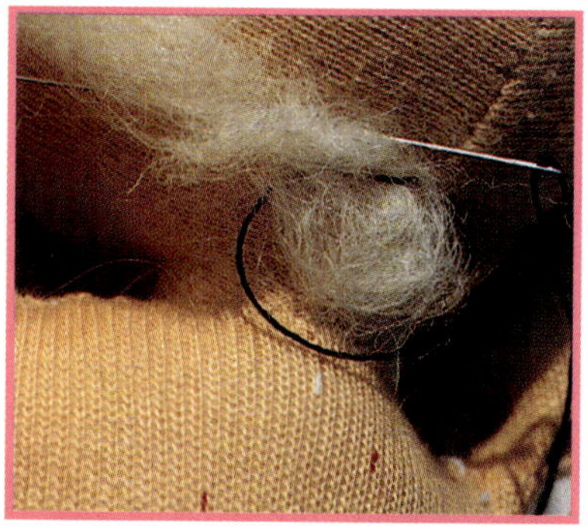

Den Anfang des Wollstranges mit der Nadel durchstechen und im Nacken befestigen.

Ordnen Sie die Wolle nach und nach spiralförmig und locker auf dem Kopf an. Er sollte vollständig bedeckt werden. Arbeiten Sie über den Wollstrang und durch die Watte des Kopfes stramme Spannstiche im Abstand von 1 cm und „klemmen" Sie dadurch die Wolle ein. Zupfen Sie die Locken, wenn nötig, mit den Fingerspitzen ein wenig zurecht.

Teilen Sie nun den Strang der kardierten Schafwolle in zwei dünnere ca. 23 cm lange Stränge und halten Sie diese jeweils in der Mitte mit einem Faden zusammen. Legen Sie jeden Strang doppelt, flechten Sie jeweils ca. 3 dünne Zöpfe daraus, feuchten Sie die Zöpfe an und lassen Sie sie trocknen.

Nun das Geflochtene wieder lösen, die gebündelten Wollstränge am Oberkopf annähen und auf gleiche Länge schneiden. Verzieren Sie sie mit jeweils 25 cm langen Schleifen und 12 cm langen Kordeln.

Junge mit weißem Wuschelkopf (Größe ca. 30 cm)

Materialien

a) Für den Kopf:

- Schlauchverband, 30 cm
- Diolenwatte für den Kopf, 35 x 35 cm
- Diolenwatte für den Hals, 18 x 35 cm
- 3 Abbindefäden à 90 cm
- Wangenfaden, 60 cm
- Vierfachstickgarn, 140 cm
- Trikotstoff, 17 x 17 cm
- Dochtwolle für die Haare, 50 g

b) Für Rumpf, Po, Arme und Beine:

- Trikotstoff, 20 cm
- Diolenwatte für den Rumpf, 13 x 65 cm
- Diolenwatte für den Po, 8 x 8 cm
- Diolenwatte je Arm, 8 x 26 cm
- Diolenwatte je Bein, 12 x 28 cm
- Rest Diolenwatte für Finger, Hände und Füße

Gesamtmenge der Diolenwatte: 50 cm

Stoppelfrisur aus naturweißer Dochtwolle

Wollmenge: 50 g

Häkeln Sie ein Käppchen und befestigen Sie es am Kopf der Puppe, wie auf S. 26 beschrieben. Knoten Sie anschließend einen Nähgarnfaden am Ende ab und befestigen Sie ihn am Haaransatz. Schneiden Sie nun viele ca. 3 cm lange Fäden zu.

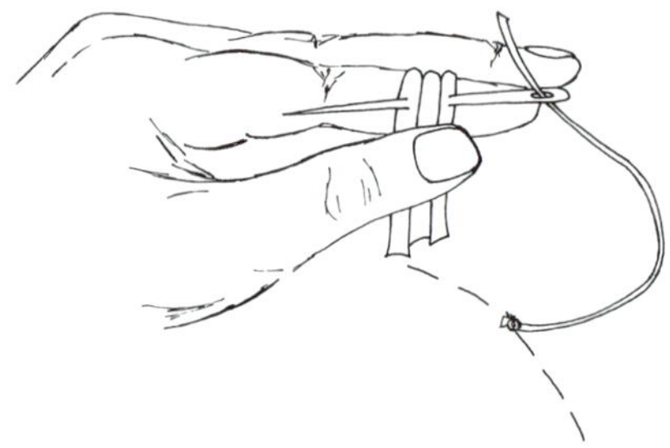

Jeweils drei Fäden über den Zeigefinger legen und mit einer Nähnadel und dem Nähgarnfaden durchstechen.

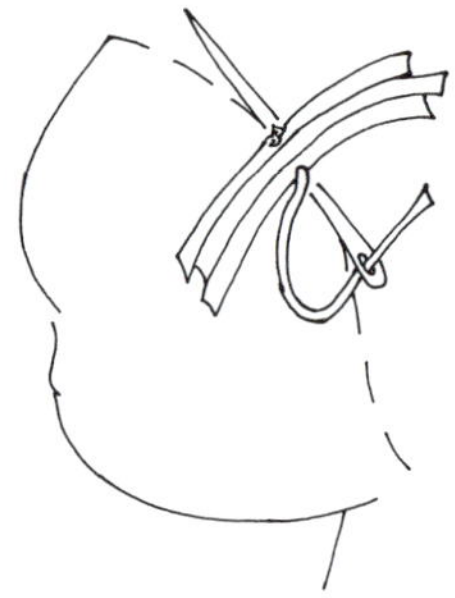

Anschließend die drei Fäden an den Haaransatz legen und dort einmal unterstechen.

Befestigen Sie die Fäden nun endgültig mit einem Spannstich.

Arbeiten Sie nach dieser Methode weiter und bedecken Sie das gehäkelte Käppchen vollständig, wobei die Haarbüschel nicht zu dicht angeordnet werden dürfen.

Blondes Geschwisterpaar (Größe ca. 35 cm)

Materialien für eine Puppe

a) Für den Kopf:

- Schlauchverband, 35 cm
- Diolenwatte für den Kopf, 40 x 40 cm
- Diolenwatte für den Hals, 18 x 40 cm
- 3 Abbindefäden à 100 cm
- Wangenfaden, 60 cm
- Vierfachstickgarn, 140 cm
- Trikotstoff, 20 x 20 cm
- Webfell für die Haare, 32 x 10 cm

b) Für Rumpf, Po, Arme und Beine:

- Trikotstoff, 20 cm
- Diolenwatte für den Rumpf, 15 x 70 cm
- Diolenwatte für den Po, 9 x 9 cm
- Diolenwatte je Arm, 12 x 35 cm
- Diolenwatte je Bein, 15 x 34 cm
- Rest Diolenwatte für Finger, Hände und Füße

Gesamtmenge der Diolenwatte je Puppe: 60 cm

Bubikopf mit Seitenschwänzchen aus blondem Webfell für das Mädchen

(Haarlänge ca. 8 cm)

Führen Sie die Vorarbeiten zu Webfellfrisuren aus, wie auf S. 25 beschrieben. Danach bürsten Sie die Haare vom Mittelscheitel aus nach unten. Nun einige Haare für den Pony nach vorne bürsten, mit der Scherenspitze auf eine Länge bringen und fransig schneiden. In halber Kopfhöhe fassen Sie auf jeder Seite einen Haarstrang zusammen und binden ihn am Ansatz mit einem Faden ab. Legen Sie beide Schwänzchen zunächst hoch, damit die übrigen Haare gekürzt und gerade geschnitten werden können. Zum Schluss verzieren Sie die Schwänzchen mit Schleifenbändern von je 35 cm Länge.

Kurzhaarfrisur aus blondem Webfell für den Jungen

(Haarlänge ca. 3 cm)

Führen Sie die Arbeiten zu Webfellfrisuren aus (s. S. 25) und kürzen Sie nach Fertigstellung der Frisur die Haare etwas im Nacken.

Dunkelhäutiges Mädchen mit Rastalocken (Größe ca. 35 cm)

Materialien

a) Für den Kopf:

- Schlauchverband, 35 cm
- Diolenwatte für den Kopf, 40 x 40 cm
- Diolenwatte für den Hals, 18 x 40 cm
- 3 Abbindefäden à 100 cm
- Wangenfaden, 60 cm
- Vierfachstickgarn, 140 cm
- Trikotstoff, 20 x 20 cm
- 1 Päckchen Textilfarbe zum Einfärben des Trikotstoffs (Diese Menge reicht für Kopf und Körper.)
- Schwarze Bouclèwolle für die Haare, 100 g
- Hellroter Sticktwist für den Mund, 100 cm

b) Für Rumpf, Po, Arme und Beine: Trikotstoff, 20 cm

- Diolenwatte für den Rumpf, 15 x 70 cm
- Diolenwatte für den Po, 9 x 9 cm
- Diolenwatte je Arm, 12 x 35 cm
- Diolenwatte je Bein, 15 x 34 cm
- Rest Diolenwatte für Finger, Hände und Füße
- Textilfarbe (s. oben)

Gesamtmenge der Diolenwatte: 60 cm

Rastalocken aus schwarzer Bouclèwolle

Wollmenge: 100 g

Häkeln Sie ein Käppchen und befestigen Sie es, wie auf S. 26 beschrieben. Arbeiten Sie nun nach der Anleitung „Stoppelfrisur aus naturweißer Dochtwolle" (s. S. 36). Verwenden Sie jedoch 20 cm lange Bouclèfäden für die Rastalocken. Bringen Sie die Haarbüschel aus drei Fäden reihenweise vom Nacken bis zur Stirn an. Lassen Sie dabei zu beiden Seiten jedes Büschels und darüber ca. 2 cm Freiraum.

Wenn der Kopf vollständig bedeckt ist, beginnen Sie am Haaransatz im Nacken mit dem Flechten der Rastalocken. Dafür jeweils zwei Fäden aus drei verschiedenen Haarbüscheln zu einem Zopf flechten und die Zopfenden provisorisch mit einem kurzen Stück Draht oder Faden zusammenhalten. Wenn die Zöpfe geflochten sind, bringen Sie sie auf eine schöne abgestufte Länge.

Kürzen Sie die Ponyfäden und schmücken Sie Pony und Zöpfe nach eigenem Geschmack mit verschiedenen Dingen wie z. B. farbigen Schleifchen, Perlen, Papierblumen, buntem Stickgarn und Draht.

Mädchen mit Affenschaukeln (Größe ca. 40 cm)

Materialien

a) Für den Kopf:
- Schlauchverband, 40 cm
- Diolenwatte für den Kopf, 50 x 50 cm
- Diolenwatte für den Hals, 20 x 50 cm
- 3 Abbindefäden à 110 cm
- Wangenfaden, 70 cm
- Vierfachstickgarn, 150 cm
- Trikotstoff, 23 x 23 cm
- Kid Mohair für die Haare, 25 g

b) Für Rumpf, Po, Arme und Beine:
- Trikotstoff, 25 cm
- Diolenwatte für den Rumpf, 18 x 90 cm
- Diolenwatte für den Po, 11 x 11 cm
- Diolenwatte je Arm, 13 x 35 cm
- Diolenwatte je Bein, 18 x 40 cm
- Rest Diolenwatte für Finger, Hände und Füße

Gesamtmenge der Diolenwatte: 70 cm

Beachten Sie, dass diese Puppe im Gegensatz zu allen anderen nicht nach vorne, sondern zur Seite schaut. Die Anleitung für die Augen mit Blick zur Seite finden Sie auf S. 29.

Affenschaukeln aus naturweißem Kid Mohair

Wollmenge: 25 g

Häkeln Sie eine Luftmaschenkette und befestigen Sie diese als Mittelscheitel, wie auf S. 26 beschrieben. Ergänzen Sie die Frisur wie folgt: Legen Sie zunächst den Haaransatz um den Kopf herum mit Stecknadeln fest und markieren Sie ihn mit einem farbigen Reihfaden. Entfernen Sie anschließend die Stecknadeln.

Bestimmen Sie die Ansatzpunkte der Affenschaukeln am Oberkopf, indem Sie mit einem farbigen Reihfaden auf beiden Seiten einen Kreis mit ca. 2 cm Durchmesser markieren.

Fertigen Sie nun einen Pony, wie auf S. 26 erklärt. Anschließend stechen Sie mit einer Stopfnadel und einem langen, doppelt eingezogenen Kid Mohair-Faden durch den markierten Kreis. Ziehen Sie den doppelten Faden so weit durch den Kreis, dass seine Enden noch ca. 30 cm überhängen. (Lassen Sie auch im Folgenden jeden neuen Faden 30 cm überhängen!)

Mit dem restlichen Doppelfaden durchstechen Sie nun die Fäden der Luftmaschenkette auf der Kopfmitte (dabei die „Kopfhaut" nicht erfassen!). Führen Sie den Doppelfaden zur zweiten Affenschaukel und durchstechen Sie auch dort den markierten Kreis.

Anschließend den Doppelfaden bis zum Haaransatz in Augennähe legen, die Watte entlang dem Markierungsfaden ca. 1 cm durchstechen und den Faden zurück zur Ansatzstelle der Affenschaukel führen.

Danach den Doppelfaden zum Anfang der Luftmaschenkette an der Stirn führen, die Luftmaschenkette durchstechen und zurück zur Ansatzstelle der anderen Affenschaukel kommen.

Auch an dieser Kopfseite den Faden bis zum Haaransatz in Augennähe legen, den Kopf entlang dem Markierungsfaden ca. 1 cm durchstechen und den Faden zurück zur Ansatzstelle der Affenschaukel führen.

Nun die letzte Masche des Mittelscheitels im Nacken durchstechen und anschließend die Nadel durch den Ansatz der anderen Affenschaukel führen. Wiederholen Sie diese Arbeitsschritte ständig im Wechsel zwischen den beiden Ansatzstellen der Affenschaukeln und dem Haaransatz rechts und links des Kopfes, wobei die Wollfäden „Felder zeichnen".

Bei der Wiederholung der Arbeitsschritte jedes Mal ein wollfreies Feld durch den Spannfaden in der Mitte teilen.

Bedecken Sie auf diese Art nach und nach die gesamte Kopfhaut mit Wollfäden. Ist der Kopf fast vollständig bedeckt, verwenden Sie die Wolle nicht mehr doppel-, sondern einfädig.
Flechten Sie nun Zöpfe aus den frei hängenden Wollfäden. Schlagen Sie diese zur Hälfte nach außen um. Danach werden sie mit Schleifenbändern (à 35 cm Länge) und kurzen Perlenbändern zu Affenschaukeln zusammengebunden.

Junge mit rotem Wuschelkopf (Größe ca. 40 cm)

Materialien

a) Für den Kopf:

- Schlauchverband, 40 cm
- Diolenwatte für den Kopf, 50 x 50 cm
- Diolenwatte für den Hals, 20 x 50 cm
- 3 Abbindefäden à 110 cm
- Wangenfaden, 70 cm
- Vierfachstickgarn, 150 cm
- Trikotstoff, 23 x 23 cm
- Mohairwolle für die Haare, 50 g

b) Für Rumpf, Po, Arme und Beine:

- Trikotstoff, 25 cm
- Diolenwatte für den Rumpf, 18 x 90 cm
- Diolenwatte für den Po, 11 x 11 cm
- Diolenwatte je Arm, 13 x 35 cm
- Diolenwatte je Bein, 18 x 40 cm
- Rest Diolenwatte für Finger, Hände und Füße

Gesamtmenge der Diolenwatte: 70 cm

Wuschelkopf aus Mohairwolle

Wollmenge: 50 g

Die Frisur fertigen Sie genauso wie die Stoppelfrisur aus naturweißer Dochtwolle (s. S. 36).

Mädchen mit sonnengelben Haarschöpfen (Größe ca. 40 cm)

Materialien

a) Für den Kopf:

- Schlauchverband, 40 cm
- Diolenwatte für den Kopf, 50 x 50 cm
- Diolenwatte für den Hals, 20 x 50 cm
- 3 Abbindefäden à 110 cm
- Wangenfaden, 70 cm
- Vierfachstickgarn, 150 cm
- Trikotstoff, 23 x 23 cm
- Mohairwolle für die Haare, 50 g

b) Für Rumpf, Po, Arme und Beine:

- Trikotstoff, 25 cm
- Diolenwatte für den Rumpf, 18 x 90 cm
- Diolenwatte für den Po, 11 x 11 cm
- Diolenwatte je Arm, 13 x 35 cm
- Diolenwatte je Bein, 18 x 40 cm
- Rest Diolenwatte für Finger, Hände und Füße

Gesamtmenge der Diolenwatte: 70 cm

Haarschöpfe aus sonnengelber Mohairwolle

Wollmenge: 50 g

Häkeln Sie eine Luftmaschenkette und befestigen Sie diese als Mittelscheitel, wie auf S. 26 beschrieben. Fertigen Sie anschließend den Pony, wie auf S. 26 ebenfalls erklärt. Ziehen Sie nun für die beiden Haarschöpfe so viele ca. 40 cm lange Wollfäden durch die Maschen des Mittelscheitels, bis die Kopfhaut nicht mehr sichtbar ist. Danach über dem Mittelscheitel Steppstiche mit farblich abgestimmtem Nähgarn ausführen, wodurch die Frisur Festigkeit bekommt. Nun können die Wollhaare an jeder Kopfseite zu einem Schopf zusammengefasst, mit jeweils einem Wollfaden abgebunden und mit Schleifenbändern (à 35 cm) geschmückt werden. Zum Schluss schneiden Sie die beiden Schöpfe auf gleiche Länge.

Puppenkleidung
Sie finden alle Schnitte auf dem Schnittmusterbogen am Ende des Buches.

Allgemeine Hinweise zur Herstellung von Puppenkleidung

Bevor Sie mit dem Zuschneiden beginnen, sollten Sie darauf achten, dass Sie die Schnittmuster richtig auf die Stoffe heften. Bei unterschiedlichen Stoffarten müssen Sie auf verschiedene Weise vorgehen:

1. Gewebte Baumwollstoffe in Leinwandbindung: Hierzu zählen die Siamosenstoffe, die früher auf Bauernhöfen zum Nähen von Schürzen gebraucht wurden. Typisch für sie sind die karierten oder gestreiften durchgewebten Muster in Leinwandbindung. Die Schnittmuster können in waagerechter und senkrechter Fadenrichtung aufgelegt und ausgeschnitten werden.
2. Gewebte Baumwollstoffe mit bedruckten Mustern: Beim Auflegen der Schnitte ist es sinnvoll, sich sowohl nach den Stoffmustern als auch nach dem Fadenlauf zu richten.
3. Gewirkte Stoffe, die aus Maschen bestehen: Zu ihnen gehören die baumwollenen Nickistoffe. Beim Auflegen der Schnittmuster sollte auf den Fadenlauf geachtet werden. Er entspricht der Laufrichtung der Maschen (s. linke Stoffseite). Zusätzlich kann er durch die Streichprobe auf der rechten Stoffseite erkannt werden. Wenn Sie mit der Hand von oben nach unten über den Flor, die samtartige Oberfläche, fahren, müssen Sie einen kleinen Widerstand spüren. Vor dem Zuschneiden mehrerer Teile für ein Kleidungsstück sollte auf diese Weise überprüft werden, ob die Richtung der Florlage bei allen Teilen übereinstimmt. So können von vornherein unterschiedliche Farbwirkungen vermieden werden.

Rechts auf rechts

Der Begriff „rechts auf rechts" besagt, dass zwei Stoffteile so übereinander gelegt werden, dass ihre beiden rechten Seiten einander zugewandt sind, oder dass ein Stück Stoff so gefaltet wird, dass die rechten Seiten aufeinander liegen.

Stoffbruch

Mit „Stoffbruch" bezeichnet man die Falzlinie eines umgeschlagenen oder gefalteten Stoffes. Wenn auf einem Schnittmuster der Vermerk „Stoffbruch" zu lesen ist, bedeutet dies, dass das Muster nur halb abgebildet wurde. Es gibt zwei einfache Möglichkeiten, es zu ergänzen:

1. Schieben Sie die Seite mit dem Stoffbruchhinweis an die Falzlinie des rechts auf rechts umgeschlagenen Stoffes, heften Sie die Schablone hier fest und schneiden Sie den Stoff mit Nahtzugabe aus.
2. Es kann hilfreich sein, die halbe Papierschablone bereits vor dem Feststecken auf dem Stoff zu vervollständigen. Dafür sollte sie auf ein doppelt gefaltetes Blatt Papier aufgelegt werden. Die Seite, die den Vermerk „Stoffbruch" trägt, muss dabei an die Falzlinie des Papiers geschoben werden. Anschließend wird dieses um die Schablone herum ausgeschnitten, auseinander gefaltet und so auf den Stoff geheftet. Schneiden Sie den Stoff nun mit Nahtzugabe aus.

Gegengleiche Stoffteile

Werden zwei gegengleiche Stoffteile benötigt, ist es sinnvoll, das Schnittmuster im Fadenlauf auf den rechts auf rechts doppelt gelegten Stoff zu heften und mit Nahtzugabe auszuschneiden.

Tipp: Ein Schnittmuster, das rechts auf rechts auf den doppelt gelegten Nickistoff geheftet wird, sollte alle 2 cm mit einer Stecknadel festgesteckt werden. Dadurch wird ein Verrutschen der Stoffteile vermieden.

Umkurbeln

Alle zugeschnittenen Teile aus gewebten Baumwollstoffen müssen umkurbelt werden. Bei den gewirkten Nickistoffen aus guter Qualität darf dieses entfallen.

Nadeln und Nähstiche
Bei gewebten Baumwollstoffen werden die Nähte mit Maschinennadeln der Stärke 70 oder 80 und durch mittelgroße Steppstiche erstellt. Bei gewirkten baumwollenen Nickistoffen sind dünne Maschinen- bzw. Jerseynadeln geeignet. Die Nähte können mit normalen Steppstichen, leichten Kurbel- oder Stretchstichen gefertigt werden.

Nahtzugaben und Ausstreichen von Nähten
Für alle Schnittteile gelten 0,5 cm Nahtzugaben, die in den Schnittmustern noch nicht enthalten sind. Zum Ausstreichen der Nähte verwenden Sie die abgerundete Spitze einer geschlossenen Schere. (Je nach Stoffart ist auch das Ausbügeln der Nähte notwendig.)

Kräuseln von Stoffen
Die Kräuselung von Stoffen kann sowohl mit der Hand als auch mit der Maschine erreicht werden. In jedem Fall sollte man darauf achten, dass die Kräuselungen gleichmäßig verteilt sind.

a) Beim Nähen mit der Hand in der Nähe des Stoffrandes zwei parallele Reihen von Vorstichen im Abstand von 0,5 cm jeweils mit einem Nähgarnfaden reihen. Anschließend gleichzeitig beide Fäden anziehen und den Stoff zusammenschieben, bis er schmal genug liegt.
b) Beim Nähen mit der Maschine die Stichlänge auf „4" einstellen. In der Nähe des Stoffrandes zwei Steppstichreihen mit füßchenbreitem Abstand arbeiten. Danach den Stoff auf die gewünschte Breite einkräuseln, indem die beiden Unterfäden gleichzeitig mit der Hand angezogen werden.

Schrägstreifen
Bei der Herstellung vieler Kleidungsstücke werden Schrägstreifen benötigt. Sie können leicht selbst hergestellt werden. Dazu faltet man aus einem Stoffquadrat (wie bei einem Kopftuch) ein Dreieck und schneidet danach im Stoffbruch und parallel dazu im Abstand der gewünschten Breite und in der benötigten Länge den Schrägstreifen.

Knopflöcher

Knopflöcher können senkrecht oder waagerecht in den Stoff eingenäht werden. Die richtige Lage ist jeweils auf dem Schnittmuster angegeben. Sie können per Hand oder mit der Nähmaschine gefertigt werden.

Die Arbeitsschritte bei der Herstellung von Knopflöchern mit der Maschine können Sie in der Bedienungsanleitung Ihrer Nähmaschine nachlesen.

Weitere Verschlüsse

Wer keine Knopflöcher einnähen möchte, kann statt der Knöpfe Druckknöpfe oder Klettverschlüsse verwenden. Außerdem haben Sie die Möglichkeit, Ösen zu fertigen. Dafür benötigen Sie Knopflochseide, mit der Sie an der Stoffkante jeweils drei Fäden in der Länge des Knopfdurchmessers spannen.

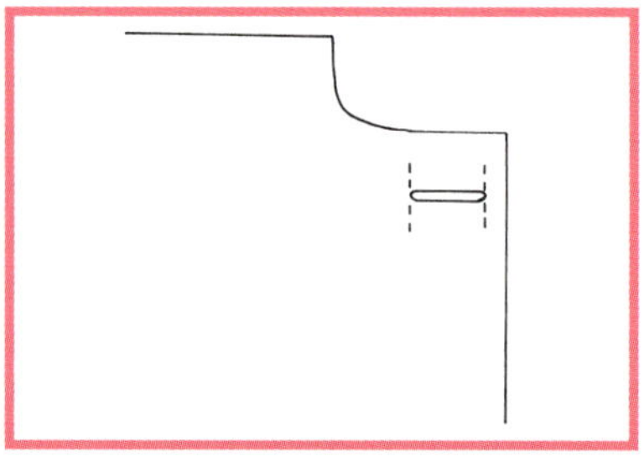

Die Position und Größe der Knopflöcher wird auf dem Stoff zunächst mit Stecknadeln oder Kreide markiert.

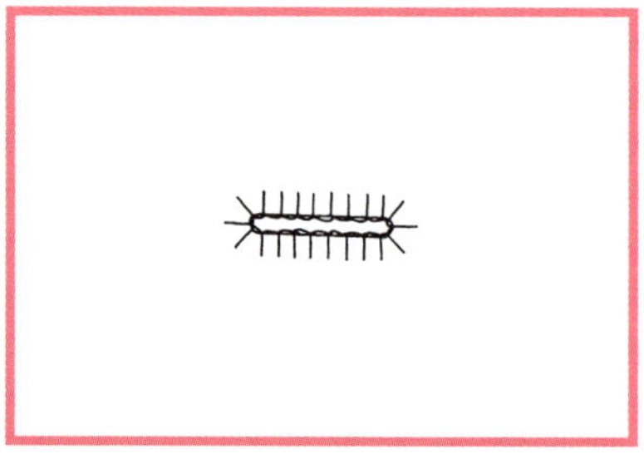

Wenn Sie mit der Hand arbeiten, fassen Sie die Schnittkanten, die nach dem Einschneiden der Knopflochöffnungen entstanden sind, mit gleichmäßig langen, dichten Knopflochstichen ein (s. auch S. 10).

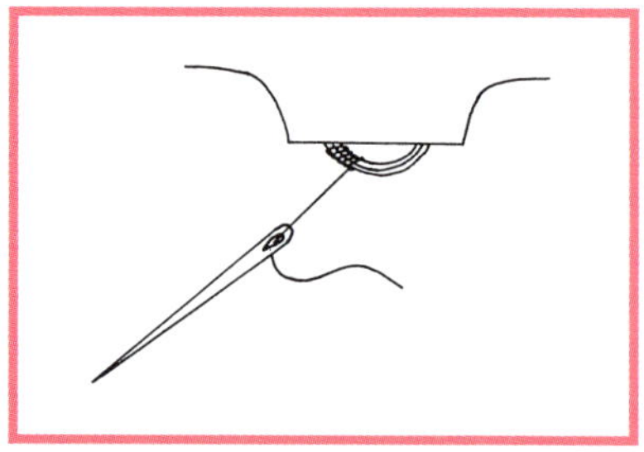

Die Fäden müssen mit gleichmäßigen Knopflochstichen, deren feste Kanten nach außen liegen, zusammengehalten und verstärkt werden.

Pompons

Für Pompons ist Nickistoff besonders gut geeignet. Für jedes Kordelende wird davon ein Quadrat von 4 x 4 cm zugeschnitten.

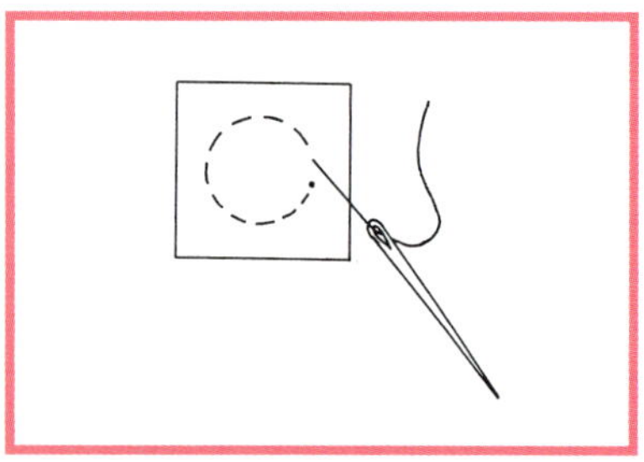

Diese Stoffstückchen müssen - ca. 1 cm von ihren Seiten entfernt - kreisförmig mit jeweils einem festen Faden geriehen werden.

Ziehen Sie die Fäden nun leicht an und schlagen Sie die Stoffränder nach innen. In jedes so entstandene winzige Beutelchen gibt man jeweils etwas Diolenwatte und ein abgeknotetes Kordelende. Danach die Fäden so stramm anziehen, dass sich die Pompons ganz schließen. Durch feste Stiche, die auch durch die Kordeln geführt werden, bekommen sie Halt.

Schnittmusterbogen

Die folgenden Arbeitsbeschreibungen für die Garderobe sind nach Größen der Puppen geordnet. Bei jeder Anleitung finden Sie eine Nummer, die Sie auch beim entsprechenden Schnittmuster auf dem Schnittmusterbogen wiederentdecken werden. Besteht ein Kleidungsstück aus mehreren Teilen, finden Sie bei allen Teilen dieselbe Zahl.

Tipp: Während der Fertigung aller Kleidungsstücke sollten unbedingt Anproben erfolgen, da die Puppen trotz angegebener Maße unterschiedlich ausfallen.

Bluse, Hängerkleidchen und Unterhöschen für das Zwillingsmädchen

Bluse:

Zuschnitt nach Schnittmuster Nr. 1. Schneiden Sie das Vorderteil im Stoffbruch und die Rückenteile als zwei gegengleiche Stoffteile zu (s. S. 48).

Schließen Sie nun die Schulternähte. Bügeln Sie die unteren Ärmelränder nahtbreit nach innen und steppen Sie je ein ca. 6 cm langes Gummiband unter den Umschlag. Anschließend den Beleg nach innen bügeln und an die Schulternähte heften.

Fassen Sie den Halsausschnitt mit Schrägstreifen schmal ein, schließen Sie beide Ärmel und die Seitennähte, steppen Sie den Saum am Blusenende um und bringen Sie zum Schluss zwei Druckknöpfe an.

Hängerkleidchen:

Zuschnitt nach Schnittmuster Nr. 2. Schneiden Sie das Vorderteil im Stoffbruch und die Rückenteile als zwei gegengleiche Stoffteile zu (s. S. 48). Schließen Sie nun die Schulternähte und legen Sie den Beleg nach rechts. Danach steppen Sie ihn am Halsausschnitt bis zur Schulter an. Schneiden Sie die Naht am Halsausschnitt mehrmals bis kurz vor die Stepplinie ein, wenden Sie den Beleg nach links und steppen Sie die Halsrundung schmalkantig ab. Der vordere Halsausschnitt wird mit einigen Heftstichen per Hand nach links genäht.

Legen Sie nun den Stoff für die Armrüschen, wie auf dem Schnitt gekennzeichnet, diagonal doppelt und schneiden Sie die Rüschen zu.

Anschließend auf 9 cm einkräuseln und entsprechend den Markierungspunkten rechts auf rechts an die Armlöcher nähen. Die Rüschen und die weiteren Armausschnitte schmalkantig nach innen steppen, danach die Seitennähte schließen. Schneiden Sie die untere Kleiderrüsche diagonal in den Maßen 4 x 40 cm zu und bügeln Sie sie doppelt ein. Die doppelt liegende offene Stoffkante einkräuseln. Anschließend die Rüsche rechts auf rechts auf den unteren Kleiderrand nähen, die Naht nach oben schlagen und schmalkantig von rechts übersteppen. Bügeln Sie die Tasche nahtbreit um. Nähen Sie unter den oberen Rand ein 3 cm langes Gummiband und steppen Sie die Tasche auf die auf dem Schnittmuster markierte Stelle. Die hintere Kleidernaht bis zur Markierung schließen, oben ein Knopfloch einarbeiten und zum Schluss einen Knopf annähen.

Unterhöschen:
Zuschnitt nach Schnittmuster Nr. 3. Schneiden Sie zwei gegengleiche Stoffteile zu (s. S. 48). Schließen Sie die vordere Mittelnaht und nähen Sie eine 13 cm lange Spitze rechts auf rechts an die Beinabschlüsse. Die Spitze nach unten und die Beinabschlüsse nach oben bügeln. Anschließend den oberen Stoffrand (= Taille) 1 cm nach innen bügeln und ein 15 cm langes Gummiband unterkurbeln. Bei den Hosenbeinen jeweils ein 7 cm langes Gummiband unterkurbeln. Als Letztes schließen Sie die hintere Mittelnaht sowie die Schrittnaht.

Bluse und lange Hose für den Zwillingsjungen
Bluse:
Schnittmuster und Arbeitsweise wie bei Nr. 1.

Lange Hose:
Zuschnitt nach Schnittmuster Nr. 4. Schneiden Sie zwei gegengleiche Stoffteile zu (s. S. 48). Schließen Sie die vordere Mittelnaht der Hose. Die Träger und Armausschnitte werden beidseitig schmalkantig nach links gesteppt. Anschließend die Passe auf 4 cm einkräuseln. Schneiden Sie nun einen Schrägstreifen mit den Maßen 5 x 2 cm zu und fassen Sie die Kräuselung der Passe schmalkantig mit dem Schrägstreifen ein. Kräuseln Sie die Hosenbeine an den Enden auf 7 cm ein und fassen Sie sie schmalkantig mit Schrägstreifen ein. Anschließend die hintere Mittelnaht der Hose und die Schrittnaht schließen. Die Hosenträger und die Passe mit Druckknöpfen versehen, darüber Zierknöpfe setzen.

Bluse und Lederhose für das Mädchen mit Lockenkopf und Zöpfen
Bluse:
Zuschnitt nach Schnittmuster Nr. 5. Die Vorderteile und Ärmel jeweils als zwei gegengleiche Stoffteile, das Rückenteil im Stoffbruch zuschneiden (s. S. 48). Schließen Sie die Schulternähte und bügeln Sie den Beleg bis zur Kante nach links.
Anschließend einen Schrägstreifen mit den Maßen 4 x 12 cm für den Kragen zuschneiden und längsseitig doppelt legen, die Schrägstreifen-

enden abnähen, den Schrägstreifen wenden und bügeln. Kurbeln Sie die Längsseiten des Schrägstreifens aufeinander. Legen Sie den Beleg nach rechts, stecken Sie den Kragen zwischen Beleg und Bluse fest und nähen Sie ihn schmalkantig an. Schneiden Sie die Kragennähte der Vorderteile jeweils bis kurz vor die Stepplinie ein. Danach wird der Beleg wieder nach links geschlagen und an die Schulternähte geheftet. Die Ärmel oben auf 12 cm und unten auf 9 cm einkräuseln. Schneiden Sie für jedes Ärmelbündchen einen Schrägstreifen mit den Maßen 2 x 9 cm zu. Steppen Sie die Ärmelbündchen rechts auf rechts an, stecken Sie die Ärmel rechtsseitig auf der rechten Stoffseite der Armlöcher fest und nähen Sie sie an. Die Bündchen-, Ärmel- und Seitennähte durchgehend schließen. Das Bündchen nach links schlagen und per Hand annähen. Anschließend den Blusensaum schmalkantig nach links steppen, das Knopfloch einarbeiten und einen Knopf annähen.

Lederhose:
Zuschnitt nach Schnittmuster Nr. 6. Schneiden Sie die Hosenträger und Taschen je zweimal und den Latz einmal in Leder gemäß dem Schnittmuster zu. Die Vorder- und Rückenteile werden als gegengleiche Lederteile zugeschnitten (s. S. 48). Legen Sie anschließend sämtliche Schnittmuster für Hosenträger, Latz und Taschen auf beidseitig klebende Vlieseline und schneiden Sie diese ebenfalls zu. Bügeln Sie nun jeweils ein Lederstück mit dem dazugehörigen Vlieselineteil auf ein etwas größeres Stück Filz. Anschließend den Filz mit einer Zackenschere so zuschneiden, dass nur noch die Zacken von ihm zu sehen sind. Nun die vordere Mittelnaht der Hose schließen, die Taschen aufnähen und die hintere Mittelnaht von der Markierung an nach unten schließen. Das Vorder- und Rückenteil rechts auf rechts zusammenstecken. Beide Teile im Schritt zusammennähen und die Seitennähte schließen. Stecken Sie ein vorgefalztes Schrägband von links so unter dem Bund fest, dass rechtsseitig etwa 2 mm sichtbar bleiben, und nähen Sie das Schrägband von rechts schmalkantig an. Nähen Sie füßchenbreit von dieser Naht entfernt eine zweite. In den entstandenen Tunnel ziehen Sie ein ca. 19 cm langes Gummiband ein. Versehen Sie das Herz rechtsseitig schmalkantig mit einer Ziernaht. Die Fadenenden jeweils auf den Innenseiten mit der Hand vernähen. Nähen Sie auch die Träger per Hand unter den Latz und machen Sie anschließend in Längsrichtung kleine Einschnitte für die Knöpfe in die Träger. Nähen Sie die Knöpfe so an, wie im Schnittmuster vorgegeben. Legen Sie die Träger über Kreuz und knöpfen Sie sie fest. Anschließend die Hosenbeine nach rechts umschlagen. An beiden Beinen seitlich eine 20 cm lange rote Kordel durchstechen und zur Schleife binden. Zum Schluss die hintere Mittelnaht durch einen Druckknopf schließen.

Bluse und lange Hose für den Jungen mit weißem Wuschelkopf

Bluse:

Zuschnitt nach Schnittmuster Nr. 7. Schneiden Sie das Blusenteil im Stoffbruch zu (s. S. 48), anschließend den Beleg zuschneiden. Markieren Sie die Mitte des Rückenteils mit einem kontrastfarbenen Faden, stecken Sie den Belegstreifen rechts auf rechts auf das Rückenteil und steppen Sie den Beleg auf der linken Seite (ca. 3 mm rechts und links des Kontrastfadens) fest. Ziehen Sie nun den Kontrastfaden heraus und schneiden Sie das Rückenteil (einschließlich des Beleges) in der Mitte senkrecht durch. Anschließend den Beleg auf einer Seite von der Naht aus nach links bügeln, den anderen Beleg 0,5 cm von der Naht entfernt ebenfalls nach links bügeln. Schneiden Sie den am Halsausschnitt überstehenden Teil des Beleges ab, steppen Sie die Ärmelsäume schmalkantig um, schließen Sie die Ärmel- und Seitennähte und steppen Sie nun den Blusensaum um.

Als Kragen schneiden Sie einen Schrägstreifen mit den Maßen 5 x 12 cm zu und bügeln ihn an den Schmalkanten 1 cm nach innen. Stecken Sie den Streifen rechts auf rechts an den Halsausschnitt bis zur Markierung „x", falten Sie ihn um und nähen Sie ihn von links per Hand an.

Nähen Sie die Schmalkanten per Hand zusammen und bringen Sie zum Schluss die Druckknöpfe an.

Lange Hose:

Zuschnitt nach Schnittmuster Nr. 8. Schneiden Sie das Oberteil im Stoffbruch zweimal zu (s. S. 48), sodass Sie ein Außen- und ein Innenoberteil erhalten. Die Hosenteile werden als gegengleiche Stoffteile zugeschnitten (s. S. 48).

Anschließend die Träger mit den Maßen von jeweils 4,5 x 9 cm zuschneiden, der Länge nach dreifach legen und zweimal längsseitig absteppen. Bügeln Sie die Träger flach und schieben Sie sie von der Taille aus zwischen die rechts auf rechts gelegten hinteren Oberteile. Steppen Sie das Oberteil nahtbreit ab, und zwar von der hinteren Mitte (unten) ausgehend über den Rücken, die Armausschnitte und das Vorderteil. Schneiden Sie die Rundungen der Armausschnitte jeweils mehrfach bis zur Naht ein. Anschließend das Oberteil wenden und bügeln. Ins vordere Oberteil werden Knopflöcher eingenäht, die Mitte des hinteren Oberteils versehen Sie mit Druckknöpfen oder einem Klettverschluss.

Nähen Sie nun die Knöpfe auf die Träger, schließen Sie die vordere Mittelnaht der rechts auf rechts gelegten Hosenteile und die hintere Mittelnaht ab der Markierung.

Die Beinabschlüsse auf ca. 12 cm einkräuseln und mit Schrägstreifen einfassen. Die Taille auf Oberteilweite einkräuseln und rechts auf rechts an das Oberteil nähen. Zum Schluss die Schrittnähte schließen.

Raglanbluse und lange Hose aus Nickistoff für das Mädchen mit Bubikopf und Seitenschwänzchen

Raglanbluse:

Zuschnitt nach Schnittmuster Nr. 9. Schneiden Sie Vorder- und Rückenteil sowie die Ärmel als gegengleiche Stoffteile zu (s. S. 48). Steppen Sie die Ärmel an den unteren Enden schmalkantig um und nähen Sie 1 cm oberhalb der Ärmelenden ein 10 cm langes Gummiband mit Zickzackstichen unter. Nähen Sie die Ärmel mit Vorder- und Rückenteil zusammen, wobei eine Seite bis zur Markierung offen bleiben muss.
Für den Kordelzug den Stoff am Halsloch 1 cm nach innen schlagen und festnähen. Von den Ärmelenden aus die Ärmel und Seiten mit einer durchgehenden Naht bis zum unteren Blusenende schließen. Den Saumrand nach innen bügeln und festnähen. Eine ca. 40 cm lange Kordel für den Hals einziehen. Fertigen Sie nach der Anleitung von S. 50 zwei Pompons und nähen Sie einen Pompon um jedes Kordelende.

Lange Hose:

Zuschnitt nach Schnittmuster Nr. 10. Schneiden Sie das Hosenteil im Stoffbruch zweimal zu (s. S. 48), schließen Sie die vordere und hintere Mittelnaht und steppen Sie die Armausschnitte schmalkantig nach links. Das Vorder- und Rückenteil jeweils an der gestrichelten Linie umschlagen und an den durchgezogenen Linien durchsteppen.
Die Hosenbeinbündchen mit den Maßen von jeweils 5 x 11 cm zuschneiden, die Hosenbeine auf Bündchenweite einkräuseln und die Bündchen rechts auf rechts auf der Kräuselung feststeppen.
Schließen Sie die Hosenbeine vom Anfang eines Bündchens bis zum Ende des anderen mit einer durchgehenden Naht, wobei die Nahtüberstände nach oben liegen müssen. Schlagen Sie die Bündchen 0,5 cm ein und legen Sie diese zur Hälfte nach innen um. Danach die Bündchen mit der Hand annähen.
Anschließend eine 90 cm lange Kordel doppelt legen, ihre beiden Enden mit Hilfe einer Sicherheitsnadel durch die Kordelzüge des Vorderteils ziehen, über eine Schulter führen und danach durch die Kordelzüge des Rückenteils ziehen. Führen Sie die Kordelenden nun über die zweite Schulter, ziehen Sie ein Ende der Kordel durch die Kordelschlaufe und binden Sie mit dem anderen Ende eine Schleife. Zum Schluss fertigen Sie zwei Pompons (s. S. 50) und nähen jeweils einen um die beiden Kordelenden.

Raglanbluse sowie Latzhose und Schirmmütze aus Nickistoff für den Jungen mit blonden Haaren aus Webfell

Raglanbluse:

Zuschnitt nach Schnittmuster Nr. 9. Nähen Sie die Ärmelenden für den Gummizug 1 cm nach innen, ziehen Sie ein 10 cm langes Gummiband ein und nähen Sie dieses seitlich fest. Arbeiten Sie weiter, wie bei der Raglanbluse auf S. 55 beschrieben.

Latzhose:

Zuschnitt nach Schnittmuster Nr. 11. Heften Sie das Schnittmuster für den Latz zweimal mit Stecknadeln auf den rechts auf rechts doppelt gelegten Nickistoff. Anschließend die Schnittmuster mit Steppstichen umnähen. Dabei das Vorderteil an beiden und das Rückenteil an einer Schulter offen lassen. Die Latzteile mit Nahtzugaben ausschneiden. An den Halsrundungen machen Sie kleine Einschnitte in die Nahtüberstände. Nun das Vorder- und Rückenteil wenden und die Nähte gut ausstreichen.

In die beiden offen gelassenen Schulternähte des Vorderteils fügen Sie jeweils eine kurze dünne Kordel als Öse ein. Schließen Sie nun diese Schulternähte und die Schulternaht des Rückenteils per Hand. Auf das Rückenteil nähen Sie oberhalb beider Schultern je einen Knopf.

Die Hosenteile schneiden Sie als gegengleiche Stoffteile zu (s. S. 48) und legen sie rechts auf rechts. Dann schließen Sie beide Mittelnähte. Die Bündchen mit den Maßen von je 5 x 11 cm zuschneiden, die Hosenbeine auf Bündchenweite einkräuseln und die Bündchen rechts auf rechts auf die Kräuselung steppen. Schließen Sie die Hosenbeine mit einer durchgehenden Naht vom Anfang eines Bündchens bis zum Ende des anderen und achten Sie darauf, dass beide Nahtüberstände nach oben liegen. Legen Sie die Bündchennähte zunächst 0,5 cm nach innen und schlagen Sie sie noch einmal zur Hälfte um. Danach nähen Sie sie mit der Hand an der Bündchennaht an.

Steppen Sie den Nickistoff am Hosenbund 1 cm nach links, lassen Sie jedoch eine kleine Öffnung für den Gummizug. Ziehen Sie ein 23 bis 24 cm langes Gummiband ein und nähen Sie dieses an den Enden zusammen. Zum Schluss befestigen Sie beide Oberteile mit je zwei Knöpfen auf dem Hosenbund.

Schirmmütze

Zuschnitt nach Schnittmuster Nr. 12.

Schneiden Sie das Mützenteil im Stoffbruch zu (s. S. 48). Schlagen Sie den Nickistoff entlang der gestrichelten Linie nach links, überdehnen Sie ihn leicht (jedoch nicht am Rand) und nähen Sie ihn fest. Lassen Sie dabei eine kleine Öffnung, durch die Sie ein ca. 30 bis 32 cm langes Gummiband einziehen. Befestigen Sie das Schnittmuster für den Schirm mit Stecknadeln auf dem rechts auf rechts doppelt gelegten Stoff. Umnähen Sie es anschließend und lassen Sie dabei die Ansatzseite des Schirmes offen. Den Stoff mit einer Nahtzugabe von 3 mm zuschneiden und auf rechts wenden. Schneiden Sie eine Pappschablone in der Form des Schirmes zu und legen Sie diese in den Schirm. Stecken Sie den oberen und unteren Rand des Stoffes an der Ansatzseite mit Stecknadeln gegeneinander und nähen Sie die Ränder per Hand mit Überwendlichstichen zusammen. Zum Schluss nähen Sie den fertigen Schirm mit der Hand an die Mütze.

Kleid und Unterhöschen für das dunkelhäutige Mädchen

Kleid:

Zuschnitt nach Schnittmuster Nr. 13. Schneiden Sie das Vorderteil im Stoffbruch und die Rückenteile und Ärmel jeweils als zwei gegengleiche Stoffteile zu (s. S. 48).
Schließen Sie die hintere Mittelnaht von der Markierung aus bis nach unten und setzen Sie die Ärmel zwischen Vorder- und Rückenteil ein. Kräuseln Sie den Halsausschnitt auf Halsweite der Puppe und fassen Sie ihn mit einem Schrägstreifen von 3 x 15 cm ein. Schließen Sie die Ärmel- und Seitennähte und umsteppen Sie jeden Ärmelsaum nahtbreit. Lassen Sie dabei eine Öffnung für den Gummieinzug.
Nun die Rockrüsche mit den Maßen 5,5 x 70 cm im schrägen Fadenlauf zuschneiden, an den Schmalseiten zusammennähen und unten schmal säumen. Kräuseln Sie die Rockrüsche auf Kleiderweite ein und nähen Sie sie rechtsseitig auf die rechte Stoffseite des Kleidchens. Den Überstand nach oben in das Kleid legen und von rechts schmal übersteppen.
Ziehen Sie ein ca. 8 cm langes Gummiband in jeden Ärmel ein. Zum Schließen des Kleidchens zwei Druckknöpfe annähen.
Das Schnittmuster des Kragens auf den doppelt gelegten Stoff heften. Die schmalen Seiten und den äußeren Umfang des Kragens umnähen. Den Kragen mit einer Nahtzugabe ausschneiden, wenden und die Nähte gut ausbügeln. Fassen Sie den Halsausschnitt mit einem ca. 38 cm langen Schrägstreifen ein, dessen Anfang und Ende jeweils ca. 14 cm überstehen müssen. Mit einer Zwillingsnadel (Nähmaschine) steppen Sie ca. 1 cm vom Kragenrand entfernt eine Ziernaht. (Statt der Ziernaht können Sie den Kragen auch besticken oder anders gestalten.) Legen Sie den Kragen lose über das Kleid und binden Sie ihn im Nacken zu.

Unterhöschen:

Zuschnitt nach Schnittmuster Nr. 15. Gehen Sie wie beim Unterhöschen auf S. 52 vor. Verwenden Sie jedoch eine 27 cm lange Spitze für die Beinabschlüsse. Die Gummibänder für Taille und Hosenbeine sind 20 bzw. 11 cm lang.

Kleid, Unterhöschen und Schürze für das Mädchen mit sonnengelben Haarschöpfen

Kleid:

Zuschnitt nach Schnittmuster Nr. 14. Schneiden Sie das obere Vorderteil, das Vorderteil des Rockes und die Halskrause einmal und die Ärmel zweimal im Stoffbruch zu (s. S. 48). Das obere Rückenteil und das Rückenteil des Rockes werden als zwei gegengleiche Stoffteile zugeschnitten (s. S. 48).

Bügeln Sie den Beleg des Rückenoberteiles im Stoffbruch ein und schließen Sie danach die Schulternähte. Die Kragenrüsche an der geraden Seite mit ca. 50 cm langem Schrägband einfassen und an der gerundeten Seite auf Halsweite einkräuseln.

Nähen Sie die Kragenrüsche rechts auf rechts am Halsloch an und fassen Sie dieses mit Schrägstreifen ein. Anschließend die Ärmel an den Enden jeweils mit 30 cm langem Schrägband einfassen und ein 11 cm langes Gummiband unternähen. Kräuseln Sie die Armkugeln auf Armweite ein und setzen Sie dann die Ärmel ein.

Die beiden Rückenteile des Rockes bis zur Markierung schließen. Das Vorder- und Rückenteil des Rockes jeweils auf die Weite der Oberteile einkräuseln und jedes Teil an das entsprechende Oberteil nähen. Schließen Sie die Seitennähte jeweils vom Ärmel bis zum Saum, bügeln Sie den Saum ein und steppen Sie ihn fest. Zum Schluss die Knopflöcher gemäß der Markierung nähen und die Knöpfe anbringen.

Unterhöschen:

Zuschnitt nach Schnittmuster Nr. 15. Arbeiten Sie das Höschen, wie auf S. 57 beschrieben.

Schürze

Zuschnitt nach Schnittmuster Nr. 16. Schneiden Sie das Oberteil zweimal im Stoffbruch zu (s. S. 48), sodass Sie ein Außen- und ein Innenoberteil erhalten. Nähen Sie die beiden Oberteile rechts auf rechts zusammen (Taille und Schulternähte noch offen lassen!). Schneiden Sie nun die Nähte in den Rundungen ein, wenden Sie das Oberteil und bügeln Sie die Nähte gut aus. Schneiden Sie das Schürzenrockteil mit den Maßen 22 x 70 cm zu und säumen Sie die 22 cm langen Schürzenkanten des Rockes recht schmal. Bügeln Sie den Schürzensaum um und nähen Sie ihn fest. Nun den Schürzenrock auf Oberteilweite einkräuseln, das doppelte Oberteil und den eingekräuselten Rock rechts auf rechts legen und zusammensteppen. Nähen Sie den Überstand an der Naht durch Kurbelstiche zusammen und bügeln Sie ihn nach oben.

Schließen Sie die Schulternähte und steppen Sie das gesamte Oberteil an den Rändern schmalkantig ab. Zum Schluss nähen Sie die Knopflöcher und bringen die Knöpfe an. Besticken Sie die Schürze am unteren Rand, wie auf nebenstehender Abbildung vorgegeben. Die Stiche, die hier gewählt wurden, können Sie anhand der Zeichnungen leicht nacharbeiten. Statt der Stickerei können Sie auch eine hübsche Applikation anbringen.

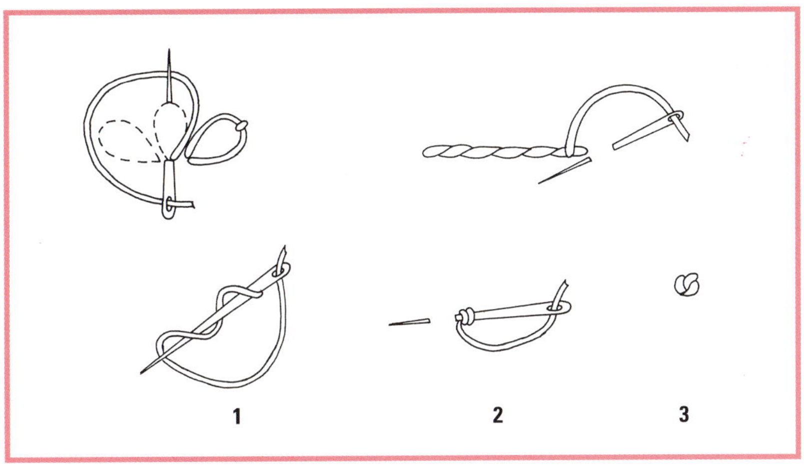

Raglanbluse aus Nickistoff und Latzhose für den Jungen mit rotem Wuschelkopf

Raglanbluse:

Zuschnitt nach Schnittmuster Nr. 17.

Schneiden Sie alle Blusenteile zweimal im Stoffbruch zu (s. S. 48). Nähen Sie die Ärmel mit dem Vorder- und Rückenteil zusammen, wobei eine Seite von der Halsöffnung aus bis zur Markierung offen bleiben muss. Legen Sie den Stoff an der Halsöffnung 1,5 cm nach innen und kurbeln Sie ihn über der Stoffkante fest.

Von den Ärmelenden aus bis zum unteren Blusenabschluss die Ärmel und Seiten jeweils mit einer durchgehenden Naht schließen.

Die Ärmelsaumkanten jeweils 1,5 cm nach innen schlagen und über den Stoffkanten feststeppen. Lassen Sie dabei ca. 1 cm offen, um ein 12 cm langes Gummiband einzuziehen. Heften Sie den unteren Blusenabschluss nur an den Seitennähten 0,5 cm nach innen. Nähen Sie keinen Saum, damit sich der Nickistoff nach innen rollt. Ziehen Sie eine ca. 50 cm lange Kordel für den Hals ein und versehen Sie jedes Kordelende mit einem Pompon (s. S. 50).

Latzhose:
Zuschnitt nach Schnittmuster Nr. 18. Schneiden Sie die beiden Hosenteile als gegengleiche Stoffteile und den Latz im Stoffbruch zu (s. S. 48). Schließen Sie die vordere und hintere Mittelnaht. Bügeln Sie im Bereich des Rückens den Stoff schmalkantig nach innen und legen Sie dort ein 26 cm langes, vorgefalztes Schrägband unter, das Sie oben und unten festnähen.
Das Vorderteil auf Latzbreite einkräuseln. Den Latz im Stoffbruch rechts auf rechts legen und seitlich zunähen. Anschließend wenden und gut ausbügeln. Nähen Sie Knopflöcher in den Latz, legen Sie das äußere Latzteil rechts auf rechts auf die Kräuselung, heften Sie es dort fest und steppen Sie es nahtbreit an. Die Stoffkanten des äußeren und inneren Latzstückes schieben Sie 0,5 cm in den Latz und nähen das innere Latzteil auf der Innenseite der Hose per Hand an.
Nun schließen Sie die Schrittnaht. Die Hosenbeine 1 cm breit umsäumen. Dabei jeweils eine kleine Öffnung für den Gummieinzug lassen, je ein ca. 12 cm langes Gummiband einziehen.
Schneiden Sie nun zwei Hosenträger mit den Maßen 5 x 20 cm zu. Falten Sie diese der Länge nach dreifach und übersteppen Sie sie an den Seiten. Für den Gummieinzug in der Taille machen Sie in das Schrägband einen kleinen Einschnitt. Ziehen Sie ein ca. 8 cm langes Gummiband ein und nähen Sie es an beiden Seiten des Einschnittes fest. Nun die Träger leicht schräg an die hintere Mittelnaht nähen, an der Rückenseite über Kreuz legen und vorne am Latz mit Knöpfen schließen.

Kleid und Unterhöschen für das Mädchen mit Affenschaukeln

Kleid:

Zuschnitt nach Schnittmuster Nr. 19. Schneiden Sie das vordere Oberteil und das vordere Rockteil einmal und die Ärmel zweimal im Stoffbruch zu (s. S. 48). Die Rückenoberteile und die Rückenteile des Rocks werden als gegengleiche Stoffteile einmal zugeschnitten (s. S. 48). Geben Sie dabei in der Rockmitte jedem Rückenteil 1 cm zu.

Den Kragen viermal zuschneiden, jedoch nicht umkurbeln, und die vorderen Kragenrundungen durch einen Reihfaden markieren. Für jede Kragenhälfte legen Sie eine Spitze von jeweils 25 cm Länge in Fältchen und heften sie auf der rechten Stoffseite Kante an Kante auf die äußeren Rundungen des Oberkragens, wobei die äußeren Spitzenabschlüsse nach innen liegen müssen.

Heften Sie die Teile des Unterkragens auf die rechten Seiten der Teile des Oberkragens, auf denen sich die Spitze befindet. Oberkragen, Spitze und Unterkragen zusammennähen, wobei jeweils die Halsseite des Kragens offen bleiben muss. Anschließend Kragenteile wenden und Nähte gut ausbügeln. Schulternähte schließen.

Legen Sie die markierten Vorderteile des Kragens an die vordere Mitte des Halsloches. Achten Sie darauf, dass die beiden Kragenteile etwas übereinander liegen. Den Kragen entlang des Halsloches bis zur hinteren Mitte feststecken, den Beleg nach rechts schlagen und über dem Kragen bis zur Schulter festheften. Heften Sie am vorderen Halsloch einen doppelt gelegten Schrägstreifen, der 3 cm breit und 6 cm lang ist, mit fest, und zwar so, dass der Stoffbruch des Schrägstreifens auf dem Kragen liegt.

Nähen Sie entlang der Halslochrundung. Schneiden Sie diese mehrfach bis kurz vor die Naht ein und legen Sie den Schrägstreifen nach innen. Nun den Beleg nach links legen und auf der rechten Seite 3 mm von der Halslochrundung entfernt absteppen.

Nähen Sie Borte und Satinband jeweils in der Länge von 10 cm auf das vordere Oberteil. Anschließend das Vorderteil des Rocks auf die vordere Oberteilweite einkräuseln und rechts auf rechts an das vordere Oberteil nähen. Die Rückenteile des Rocks auf die Breite der Rückenoberteile einkräuseln und rechts auf rechts an die entsprechenden Oberteile nähen. Achten Sie dabei darauf, dass die Markierungspunkte „1" und „x" übereinstimmen.

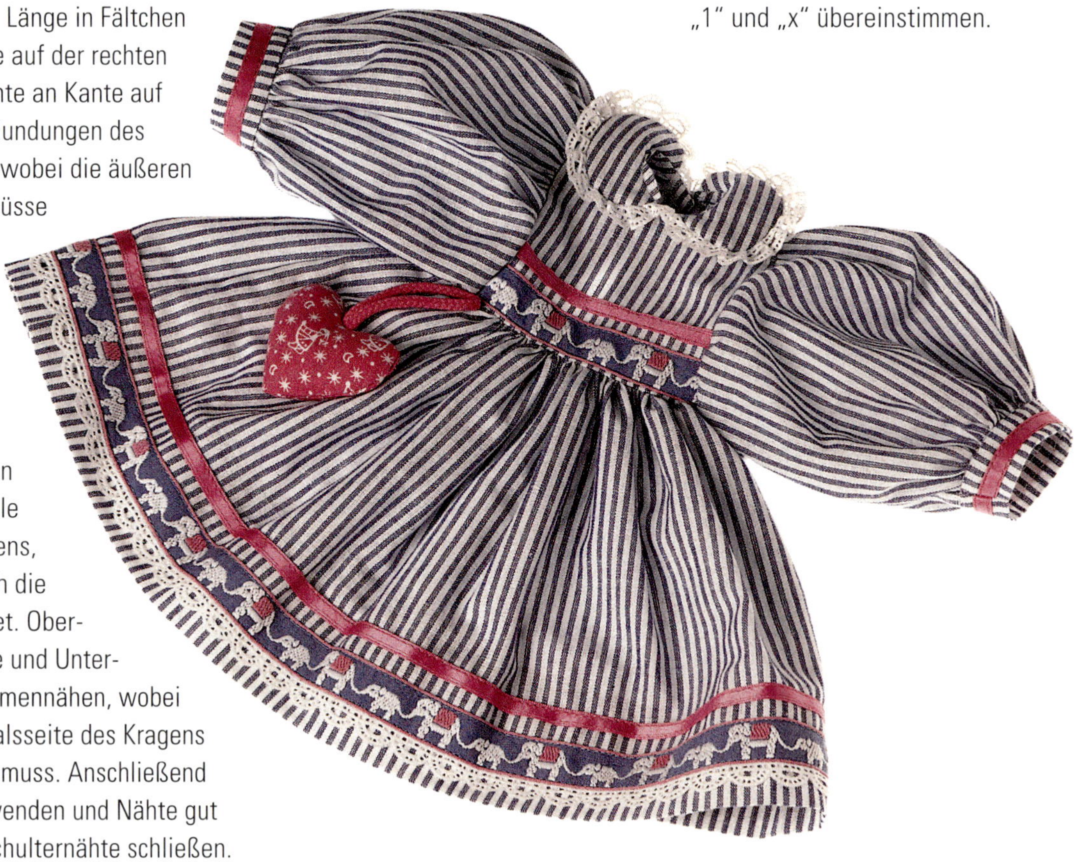

Kräuseln Sie die Ärmel am oberen Rand und unten auf Bündchenweite ein. Anschließend Ärmel einnähen. Nun schneiden Sie zwei Bündchen mit den Maßen von je 4,5 x 12 cm zu, bügeln sie doppelt und falten sie auseinander. Nähen Sie jeweils waagerecht in der Mitte einer Bündchenhälfte ein ca. 12 cm langes Satinband auf. Die Bündchenseiten, auf denen sich die Satinbänder befinden, steppen Sie rechtsseitig auf die rechte Stoffseite der Ärmel. Schließen Sie die Bündchen, Ärmel und Seiten des Kleidchens mit einer durchgehenden Naht. Schlagen Sie die Bündchen jeweils bis zur Bügelfalz nach innen und nähen Sie sie mit der Hand an.
Jetzt den Rocksaum abkurbeln und ca. 2 cm umbügeln. Spitze, Borte und Satinband (jeweils in der Länge von 80 cm) auf den Kleiderrock nähen. Achten Sie darauf, dass Sie beim Aufnähen der Borte gleichzeitig den Saum mitfassen. Die hintere Mittelnaht bis zur Markierung schließen und die Knöpfe, Druckknöpfe oder das Klettband annähen.
Legen Sie den Stoff für das Herzchen rechts auf rechts doppelt und stecken Sie die Papierschablone auf. Anschließend umnähen Sie diese, lassen jedoch oben in der Mitte ein kleines Stückchen offen.
Nun den Stoff um die Schablone herum mit kleiner Nahtzugabe ausschneiden, die Papierschablone entfernen, das Herzchen auf rechts wenden und leicht mit Diolenwatte füllen.
Legen Sie eine ca. 12 cm lange Kordel doppelt, schieben Sie ihre Enden in die Herzchenöffnung und befestigen Sie die Kordel beim Zunähen der Öffnung per Hand. Zum Schluss nähen Sie die Kordel am Ende der Borte des Oberteils mit der Hand an.

Unterhöschen:
Zuschnitt nach Nr. 15. Arbeiten Sie das Höschen, wie auf S. 57 beschrieben.

Wir danken
unseren Familien
für die liebevolle Unterstützung
bei unserer Arbeit.
Außerdem danken wir
Herrn Karl Herbst,
der mit Gespür für den rechten
Blickwinkel viele Fotos
für dieses Buch schuf,
Herrn Berthold Hinz
für die Einführung in die
Textverarbeitung am Computer,
Herrn Norbert Ruddeck
für manch guten Rat,
Frau Anke Schmiemann,
die alle Zeichnungen sorgfältig
zu Papier brachte,
Frau Waltraud Willing,
die uns als Schneiderin
fachkundig zur Seite stand.